财政部"十三五"规划教材
"十三五"应用型会计精品系列教材

会计信息系统
KUAIJI XINXI XITONG

张宁 主编
张前 宁冰 副主编

中国财经出版传媒集团
经济科学出版社
Economic Science Press

图书在版编目（CIP）数据

会计信息系统/张宁主编 . —北京：经济科学出版社，2017.1（2018.8 重印）
"十三五"应用型会计精品系列教材
ISBN 978 – 7 – 5141 – 7734 – 3

Ⅰ.①会… Ⅱ.①张… Ⅲ.①会计信息 – 财务管理系统 – 教材 Ⅳ.①F232

中国版本图书馆 CIP 数据核字（2017）第 018119 号

责任编辑：于海汛　宋　涛
责任校对：隗立娜
责任印制：李　鹏

会计信息系统

张　宁　主编

张　前　宁　冰　副主编

经济科学出版社出版、发行　新华书店经销
社址：北京市海淀区阜成路甲 28 号　邮编：100142
总编部电话：010 – 88191217　发行部电话：010 – 88191522
网址：www.esp.com.cn
电子邮件：esp@esp.com.cn
天猫网店：经济科学出版社旗舰店
网址：http://jjkxcbs.tmall.com
固安华明印业有限公司印装
787 × 1092　16 开　13 印张　230000 字
2017 年 1 月第 1 版　2018 年 8 月第 2 次印刷
印数：1501—3500 册
ISBN 978 – 7 – 5141 – 7734 – 3　定价：30.00 元
（图书出现印装问题，本社负责调换。电话：010 – 88191510）
（版权所有　侵权必究　举报电话：010 – 88191586
电子邮箱：dbts@esp.com.cn）

总 序

会计是一个信息系统,是一项重要的管理活动。随着经济社会尤其是"两权分离"和资本市场的发展而发展,随着全球经济一体化进程的深入而成为一种世界通用的商业语言。改革开放以来,中国会计改革经历了"接轨、协调、趋同、等效和调整"等不断学习、借鉴和完善的过程,财政部也于2006年发布了包括39项企业会计准则和48项注册会计师审计准则在内的中国会计准则体系,并根据市场经济发展过程中出现的新情况、新问题从2014年开始就部分准则进行了逐步修订。

教材建设是会计教育教学的基础,建立一套体系科学、内容新颖、结构合理的会计学系列教材,既是会计改革与发展的要求,也是应用型会计人才培养的需要。济南大学在20世纪80年代就设立了会计学专业,目前已经发展成为"山东省应用型名校工程"重点建设专业、"山东省普通本科高校应用型人才培养专业发展计划重点建设专业"和山东省唯一的"高水平应用型立项建设专业",具有雄厚的师资队伍和丰富的办学经验,为山东省及至全国培养了一大批高素质的复合型会计应用人才。

山东省是经济文化大省,国有经济成分比重较大,会计教育点多面广,特色比较突出。为了展示山东省各兄弟院校的先进会计教育教学经验,形成符合山东会计教育实际的应用型教材体系,我们组织山东省内大部分院校会计系的一线教师,根据最新会计准则及其研究成果,编撰包括《基础会计》、《中级财务会计(Ⅰ)》、《中级财务会计(Ⅱ)》、《高级财务会计》、《成本会计学》、《管理会计学》、《财务管理学》、《高级财务管理》、《会计信息系统与财务分析》

等在内的应用型会计精品系列教材。

本着理论与实务并重、教学与科研结合、国内与国际相通的原则，本套教材力求突出以下特点：

第一，通俗易懂，深入浅出。既注重会计理论的介绍，又注重会计实务的操作，做到用简洁的语言，深入浅出地叙述、说明及解释会计和财务问题。

第二，结构新颖，内容丰富。针对国内外会计准则的新情况、新问题、新成果，着重准则解释，加强案例教学，既保持知识的连续性，又兼顾知识的发展性。

第三，紧扣准则，兼顾惯例。会计是技术性的，也是国家性的，学习会计的目的在于应用，所以必须讲原则和准则；会计是社会性的，也是国际性的，人类社会共性的会计规律应当把握，所以必须讲国际惯例。

第四，强化案例，突出应用。会计人才能否符合经济社会发展的需要，是否适应国家倡导创新创业的要求，培养应用型会计人才是关键。本系列教材在讲清楚会计准则和财务理论的基础上，增加教学案例，加强学生分析、解决会计和财务问题的能力。

"十三五"应用型会计精品系列教材编委会
2017 年 1 月

前 言

在知识经济时代，企业所处的经济环境已经发生了根本性变化。互联网的出现彻底打破了长期以来人们习以为常的传统商业运作模式，取而代之的是"电子商务"运作模式。同时，顾客消费水平及个性化需求不断提高，企业之间的竞争日益加剧，加上政治、经济和社会环境的巨大变化，构成了影响现代企业生存与发展的三大力量。企业如果不能适应客户"个性化"需求，不能快速响应市场变化和社会变革，便不能生存与发展。企业需要及时调整自己的发展策略、重组自己的业务流程与组织机构，同时还需要利用现代化信息技术手段实现企业管理信息化，以便不断提高自己在市场中的竞争力，并利用集成化企业管理信息系统提供及时、准确和完善的信息，以增强决策的有效性、提高管理效率和经济效益。

作为企业管理信息系统重要核心子系统的会计信息系统，随着时代的变革也发生了根本性的变化。它由过去单纯的记账、算账、报账，发展成为以管理为核心的面向企业生产经营全过程的企业级会计信息系统；由过去单纯的只对资金流进行管理，发展成为对资金流、物流、信息流的全面管理；由过去单一的财务管理，发展成为财务与业务一体化管理；由单一的财务部门应用系统，发展成为跨越企业多个部门的企业级应用系统；由过去孤立的几个财务模块，发展成为具有总账、报表、应收、应付、薪资、固定资产、采购计划、采购管理、库存管理、存货核算、销售管理、成本管理、财务分析、决策支持等多个模块集成化的会计信息系统。会计信息系统的应用，不但减轻了会计人员的劳动强度、提高了工作效率，更重要的是为企业降低了库存、加速了资金的周转、减少了坏账，进一步提高了企业的竞争力。

会计信息系统分为财务和业务（购、销、存）两部分内容，结合课时和课程内容的实际情况，本书按照一个统一的案例分模块体现财务部分，业务部分打算在另一本教材中单独体现。本书结合图标和案例讲述会计信息系统的有关理论和操作方法，力图使读者轻松学习和掌握，主要作为会计、财务管理、审计、会计信息化等专业的会计信息化课程教学和实验用书。

本教材由张宁、张前和宁冰编著。在编写过程中还参考了一些资料，在此对文献作者表示感谢。在写作过程中，还特别参考了用友 ERP-U8 的相关技术资料和帮助信息，在此向用友软件股份有限公司表示感谢。限于时间，本书内容还存在不少不足，欢迎业界同人和读者指正，有什么意见和建议请反馈至 295033504@qq.com 反馈和交流，以便在下一版中修改。

编　者
2016 年 12 月

目 录

第一章 会计信息系统概论 ··· 1

第一节 会计信息系统 ··· 1
第二节 会计软件 ·· 8
第三节 用友 ERP – U8 管理软件简介 ····························· 13
第四节 实验教程使用导航 ··· 14

第二章 系统管理与企业应用平台 ······································· 24

第一节 系统管理 ··· 24
第二节 企业应用平台 ·· 28
实验一 系统管理和基础设置 ···································· 30

第三章 总账管理 ··· 44

第一节 系统概述 ··· 44
第二节 总账管理系统初始设置 ··································· 48
第三节 总账管理系统日常业务处理 ···························· 52
第四节 总账管理系统期末处理 ··································· 58
实验二 总账管理系统初始设置 ··································· 62
实验三 总账管理系统日常业务处理 ···························· 77
实验四 总账管理系统期末处理 ··································· 89

第四章 UFO 报表管理 ··· 95

第一节 系统概述 ··· 95
第二节 报表管理 ··· 99
实验五 UFO 报表管理 ··· 103

第五章 薪资管理 ··· 115

第一节 系统概述 ··· 115
第二节 薪资管理系统日常业务处理 ···························· 117

实验六　薪资管理 …………………………………………… 122

第六章　固定资产管理 ………………………………………… 138
　　第一节　系统概述 …………………………………………… 138
　　第二节　固定资产管理系统日常业务处理 ………………… 139
　　实验七　固定资产管理 ……………………………………… 145

第七章　应收应付款管理 ………………………………………… 158
　　第一节　系统概述 …………………………………………… 158
　　第二节　应收款管理系统日常业务处理 …………………… 161
　　实验八　应收款管理 ………………………………………… 166

综合实验资料 ……………………………………………………… 178

第一章
会计信息系统概论

学习目标
- 了解本课程的内容、明确学习目的和学习方法
- 了解会计信息系统的历史/现状及未来发展
- 了解本书体架构设计,明确课程所要达到的目标

会计信息系统融合了会计、管理、信息技术等多门学科的相关知识,是一门典型的边缘学科。在信息技术日新月异、管理理念层出不穷的市场形势下,只有更密切地结合企业实际,才能使学科发展更具有生命力,由此对"会计信息系统"课程的实践性提出了极高的要求。在现行教育条件下,如何兼顾学科发展的前沿性、实践性、实验条件的差异性,为学习者提供一套先进、完整、可操作的实验体系成为《会计信息系统实验教程》创作团队共同的目标。

本实验教程选择了用友 ERP-U8(V8.72,以下简称"用友 ERP-U8")管理软件作为实训平台。用友软件股份有限公司是亚太地区最大的企业管理软件及服务提供商,拥有最大的用户市场,企业发展及产品策略具有典型的代表性;用友 ERP-U8 管理软件是面向中型企业普及应用的一款产品,功能全面,运行稳定,在教育市场拥有广大的合作伙伴。

第一节 会计信息系统

一、会计信息系统的定义

会计信息系统(Accounting Information System)是企业信息系统

中的一个重要子系统，它是以提供会计信息为目的，采用现代信息处理技术，对会计信息进行采集、存储、处理及传送，完成会计反映、控制职能的系统。

在整个会计信息系统中，会计信息处于核心的地位，从会计信息的收集、处理到会计信息的输出，最终传递给决策者和使用者，是一个信息流动的过程。在这个过程中，伴随着对会计活动的管理与控制。

二、我国会计信息化的发展过程

会计信息化，是指企业利用计算机、网络通信等现代信息技术手段开展会计核算，以及利用上述手段将会计核算与其他经营管理活动有机结合的过程。

我国的会计信息化是在早期会计电算化的基础上逐步演变发展而来的，二者既相互联系，又相互区别。从会计电算化到会计信息化实现了质的飞跃，是理念上的一次彻底转变和升华。

三、会计信息系统与会计电算化

（一）会计电算化阶段

1981年8月，在财政部、原第一机械工业部和中国会计学会的支持下，中国人民大学和长春第一汽车制造厂联合召开了"财务、会计、成本应用电子计算机专题研讨会"，在此次会议上，把电子计算机在会计工作中的应用简称为会计电算化。

我国会计电算化工作始于20世纪70年代，先后经历了缓慢发展阶段、自发发展阶段和有组织有计划的发展阶段。

1. 缓慢发展阶段（1983年以前）

该阶段始于20世纪70年代末，只有少数企业进行单项会计业务的电算化工作，最为普遍的是工资核算业务的电算化。该阶段，电算化实践还处于试验探索阶段，后期对会计电算化的重要性已逐步开始有所认识。该阶段的主要事件有：

（1）1979年，长春第一汽车制造厂在有关部门的支持下，被定为试点，从当时的联邦德国进口电子计算机，开始了我国将计算机用于会计工作的尝试。

（2）1981年8月，在财政部、原第一机械工业部和中国会计学会的支持下，中国人民大学和长春第一汽车制造厂联合召开了"财务、会计、成本应用电子计算机专题研讨会"，正式把电子计算机在会计工作中的应用简称为会计电算化。

2. 自发发展阶段（1983~1986 年）

1983 年，国务院成立了电子振兴领导小组，在全国范围内掀起了计算机应用的高潮，会计电算化也不例外。该阶段，采用工程化方法开发会计软件的较少，大多是单位各自为政，自行组织开发会计软件，低水平重复开发现象严重，会计软件为定点开发专用软件，通用性差。该阶段从国家层面上开始了对既懂计算机又懂会计的复合型专业人才的培养，并开始注重会计电算化实践经验的总结和理论研究工作。

该阶段相关的主要事件有：

(1) 1983 年，上海市在上海市吴泾化工厂进行会计电算化工作的试点。

(2) 1984 年，财政部科学研究所研究生部、中国人民大学、上海财经大学等院校开始招收会计电算化研究方向的研究生。

3. 有组织、有计划的发展阶段（1986~2000 年）

随着会计电算化工作的逐步深入发展，各部门开始了对会计电算化工作的组织与管理工作。该阶段，会计软件的开发向通用化、专业化、商品化方向发展，出现了一批开发和经营商品化会计软件的专业公司。主管部门组织开发、推广会计软件也取得了显著效果。各地区、各部门加强了会计电算化的组织、指导和管理工作，形成了以财政部为中心的会计电算化宏观管理体系。与此同时，会计电算化的理论研究工作开始取得成效，培养了一支力量雄厚的会计电算化队伍，逐步建立了与单位会计电算化工作配套的各种规范和管理制度。

该阶段的主要事件有：

(1) 1986 年，上海市成立了会计电算化应用小组，负责协调会计电算化工作。同年，上海市财政局制定并颁布了《关于在本市国营工业企业中推广会计电算化工作的若干规定》。

(2) 1986 年，原水电部财务司成立财务会计应用计算机规划小组，并制定了《水利电力财务会计应用计算机"七五"总体规划》。

(3) 1989 年 12 月，财政部颁布了《会计核算软件管理的几项规定（试行）》，这是我国颁布的第一个关于会计电算化的法规。

(4) 1989 年，财政部评审通过先锋集团公司开发的凯利—先锋 CP-800 通用财会软件系统，这是我国首家通过财政部评审的商品化软件。

(5) 1996 年，中国会计学会电算化发展研讨会在京召开，会议主题是"完善核算型会计软件，发展管理型会计软件"。

(6) 1996 年 6 月，财政部颁布了《会计电算化工作规范》，为基层单位如何开展会计电算化工作指明了方向，提供了依据。

（二）会计信息化阶段（2000年以后）

进入21世纪以来，我国逐步实现了从会计电算化到会计信息化的转变。会计信息化虽然是会计电算化的继续，但两者是完全不同层次的概念。会计电算化是用计算机模拟手工会计的思维，其中计算机只是一种提高计算速度和准确性的工具，无法改变会计的职能、流程和组织结构。而会计信息化则是管理理念的转变和工作模式的创新，极大影响着会计之功能、流程和组织结构，以及企业会计活动与其他经营管理活动的关系。会计信息化不仅仅是会计电算化的高级发展阶段，也是会计适应社会信息化进程的必然结果。

会计信息化是根据会计目标，按照信息管理原理与信息技术重整会计流程，改变了会计处理的程序和方法，实现了对会计业务的信息化管理，能够充分发挥会计在企业管理和决策中的作用。该阶段的主要事件有：

（1）2000年，在深圳举行了"首届会计信息化理论专家座谈会"，全国财政系统、科研单位、大专院校及企业的200多名专家出席了会议，在会上首次提出了"从会计电算化到会计信息化"的发展方向。

（2）2003年11月，在杭州召开了全国信息技术与会计应用研究会第二届年会，会议正式提出由"会计电算化"向"会计信息化"发展。

（3）2004年，我国发布了《信息技术——会计核算软件数据接口》，为不同系统间交换数据提供了依据。

（4）2013年12月6日，财政部发布了《企业会计信息化工作规范》《商品化会计核算软件评审规则》和《会计电算化管理办法》同时废止。

需要指出的是，以互联网技术、移动互联网技术、物联网技术、大数据技术、云技术等为代表的现代信息技术的发展，对企业的商业模式和企业管理模式带来了一系列冲击和影响，越来越多的企业开始向企业全面管理信息化转变，依托集先进信息技术、优秀管理思想和最佳企业实践于一体的管理软件来优化企业流程、降低企业管理成本、提高企业管理效率，实现企业价值增值，所以会计信息化已经成为企业全面管理信息化的有机组成部分。

四、现代信息技术对会计工作的影响

现代信息技术包括感测技术、通信技术和计算机技术。现代信息技术在会计领域的应用及其迅速发展，使得会计系统成为一个全新的对会计数据进行收集、加工、处理和存储的会计信息系统，这样许多在手工业务中无法解决或者相当烦琐的会计问题在计算机环境中迎刃而解。同时信息技术也给会计学科带来深刻的影响，不仅表现在数据处理工具和信息载体的巨大变革上，还表现在对会计核算方法、会计理论等方面的巨大冲击和挑战上。

（一）会计行业面临的巨大挑战

目前会计工作的流程与数据处理是基于手工处理环境，会计数据单调、反映面窄，传统会计报表简单，详尽性和及时性差，会计系统所提供的信息质量远远不能满足管理的需要。会计系统如果不根据企业管理发展的需要重新整合，那么会计工作将无法满足现代企业管理的需要。

（二）会计职能的发展与变革

会计的基本职能是反映和控制。现代信息技术对会计的这两大基本职能将产生重大的影响。

从会计反映职能上来看，在现代信息技术条件下，由于计算机处理环境的网络化和电子交易形式的出现，基于计算机网络的会计信息处理系统已经成熟。在这种会计信息处理系统中，企业发生的各项经济业务都能自动地由企业内部和外部采集的相关会计核算资料进行实时反映。

从会计控制职能上看，由于会计信息系统实现了实时自动处理，因此，会计的控制和参与经营决策职能显得更为重要。会计控制职能主要是监督自动处理系统的过程和结果，监督国家财经法规和国家统一会计制度的执行情况，通过网络对企业经济活动进行远程和实时监控。

（三）对会计理论体系的影响

1. 对会计理论基础的挑战

会计主体：虚拟企业的出现、企业对会计信息的多元化需求，使传统会计主体的概念大大延伸。

持续经营：虚拟公司为了完成一个目标，可以在短时间内组建起来，在完成目标任务后便解体。

会计分期：会计信息的实时性意味着可以及时产生所需的数据，不受会计期间的任何限制。

货币计量：电子商务中电子货币、虚拟货币的出现，会计职能由核算型向管理型转变，使会计系统能够采集和提供货币与非货币形态的信息。

2. 收集会计信息的变化

手机信息可以采取以下几种方式：手工编制的凭证、其他业务子系统对业务处理后自动编制的机制凭证；账务处理子系统定期对固定业务编制的机制凭证。

3. 记账规则的变化

利用同一基础数据便可实现会计信息的多元重组，消除了信息处理过程中诸多分类和再分类的技术环节。在手工条件下的总账、日记账、明细账、辅助账的配置已失去其存在的意义，根据记账凭证汇总表登记总账、平行登记、错账更正、结账、对账、试算平衡等记账规则的重要性也逐渐降低或被新方法替代。

4. 会计核算形式的改变

会计系统可以根据需要从数据库中生成各种形式和内容的账簿，传统会计为减少登账工作量而建立的各种会计核算形式的作用将减弱，会计信息化下多种模式均可实现。

5. 账簿体系的变化

信息化条件下，账簿不过是根据记账凭证数据库按会计科目进行归类、统计的中间结果；信息化突破了传统会计的分类界限，根据需要，任何一个会计科目均可以生成日记账、三栏账或多栏账、虚拟账。受打印限制，不能打印订本式账簿，因而所有账页均采用活页式。

6. 财务报告的变化

在信息化的影响下，财务报告有以下新的要求：

（1）提供分部报告。对于一个大型企业或跨国公司而言，由于不同地区、不同行业的分、子公司所面临的机会和风险不同，要求提供分部报告。

（2）提供多元计价报告，满足企业同时提供现行成本和历史成本信息的要求。

（3）提供定期与实时相结合的报告。面临一个产品生命周期不断缩短、竞争日趋激烈、创新不断加速、经营活动不确定性日益显著的时代，必须建立起一套能够提供实时信息的财务报告制度。

7. 会计工作组织体制的变化

在手工会计中，会计工作体制以会计事务的不同性质为主要依据。一般手工会计中划分材料组、成本组、工资组、资金组、综合组等，他们之间通过信息资料传递交换建立联系，相互稽核牵制，使会计工作正常运行。会计信息化后，会计工作组织体制以数据的不同形式作为主要依据。操作方式是集中收集、统一处理、数据共享、使会计信息的提取、应用更适应现代化管理要求。

（四）对会计实务的变革

现代信息技术的应用改变了会计人员的处理工具和手段。由于大量的会计反映工作实现了自动化的处理，会计人员的工作重点将从事中记账算账、事后报账转向事先预测、规划，事中监督控制，事后分析、决策的管理模式。

传统的会计语言和企业文化将发生质的变化。会计语言中的一些核心词汇（记账凭证、账簿、报表）的作用将逐渐淡化。

企业管理全面信息化的实现，使会计信息源和信息表示结构由一元化走向多元化。即会计工作中的最终信息将直接来源于各种业务流程，记账凭证作为手工环境下的重要实体的作用将逐步减少。

网络和数据库技术的发展和应用，使各级管理者和投资者可以实时地通过企业网站访问存储于会计信息系统中的共享信息，传统会计中填制凭证、记账、结账、出报表等环节将被替代。

会计实务的重点将由原来的编制凭证、记账、结账、编制报表等，转向收集信息、存储信息、加工信息、传递信息、查询信息等。

（五）会计观念需要不断更新和思考

企业除了追求营业利润外，更多的要关注自身产品的市场占有率、人力资源的开发和使用情况，以及保持良好的社会形象。同时，知识经济拓展了企业经济资源的范围，使企业资源趋于多元化。人力资源将成为资产的重要组成部分，并为企业所拥有和控制，为企业提供未来经济利益。因此，会计工作必须树立增值观念，将增值作为企业经营的主要目的，定期编制增值表，反映企业增值的情况及其在企业内外各受益主体之间的分配情况。

在信息时代，信息传播、处理和反馈的速度大大加快，产品生命周期不断缩短，市场竞争日趋激烈，企业的经营风险明显加大，因此，会计工作中还要树立风险意识。

会计既是一种生成信息、提供信息的工作，也是一种利用信息参与管理的工作。企业管理的信息化对会计人员提出了更高的要求。一个企业如何进行会计核算，如何推进会计及企业管理的信息化，如何利用信息化的手段提高企业市场的竞争力，实现管理创新，成为会计人员面临的难题。

（六）现代信息技术将推动会计信息系统不断发展

目前，国内建立的会计信息系统基本上都是用于处理已发生的会计业务，反映和提供已完成的经营活动的信息。然而，现代经济活动的复杂性、多样性和瞬时性，对管理者提出了更高的要求。每一个管理者都需要依靠科学预测来作出决策，而管理者的决策方式已从经验决策方式转向科学决策方式。应当充分利用会计数据资源，加强智能型会计决策支持系统的开发和应用。会计决策支持系统是综合利用运筹学、管理学、会计学、数据库技术、人工智能、系统论和决策理论等多门学科构建的。

现代信息技术的飞速发展，是会计信息系统朝模拟人的智能方向发展。系统将会有听觉、视觉、触觉等功能，能模拟人的思维推理能力，具有思考、推理和自动适应环境变化的功能。随着时代的发展，越来越多的新技术将融入会计信息化工作中，推动会计信息化的发展和进步。

第二节　会计软件

一、会计软件及其主要功能

按照《企业会计信息化工作规范》的规定，会计软件是指企业使用的，专门用于会计核算、财务管理的计算机软件、软件系统或者其功能模块。会计软件具有以下功能：第一，为会计核算、财务管理直接采集数据；第二，生成会计凭证、账簿、报表等会计资料；第三，对会计资料进行转换、输出、分析和利用。

在界定会计软件时，应当注意以下三点：

（一）功能是界定会计软件的核心标准

只有直接为会计核算、财务管理采集数据的软件，才属于会计软件范畴。所谓直接，是指数据采集后的下一步处理即属于会计核算、财务管理的职能范围，而不再经过其他业务职能处理。会计处于企业信息流的下游，很多系统采集的数据最终可能都为会计所用，但不能因此而无限扩大会计软件范畴。因此，会计资料的转换、输出、分析和利用功能，主要是指用于外部报告的相关功能，仅用于内部管理的相关功能，不属于会计软件功能范畴。

（二）会计软件表现形式的多样性

会计软件的表现形式可以是单独的软件、软件系统或者软件系统中的某些功能模块。

(三) 会计软件具有专用性

会计软件是专为会计核算、财务管理目的而设计的，具有专用性。需要注意的是这里的专用性是从会计软件功能角度而言的，而不是指软件适用对象的专用性。因为现行会计软件大部分都是商品化的通用软件。

二、会计软件的功能结构

从会计分支来看，会计软件应涵盖财务会计、管理会计和税务会计。财务会计主要完成会计核算工作，部分工作可采取财务业务一体化的方式，即业务驱动财务，基本零核算得以实现，具体包括总账、工资管理、固定资产管理、应收款管理、存货核算等子系统。管理会计包括成本管理、资金管理、资产管理、预算控制等，信息化平台为管理会计思想落地提供了坚实基础和保障，是今后一段时间企业会计信息化面临的主要任务。税务会计往往采取财税合一的方式在财务会计中得以实现，但财税一体化仍未真正彻底得以解决，有待今后进一步研究。从实现层次上来看，会计软件应具备会计核算功能，并在此基础上实现财务管理和决策支持功能。从信息化平台来看，现行会计软件采用统一的基础设置功能，以便为各子系统提供统一的数据环境和安全机制。

三、会计软件的服务规范

(一) 总体要求

（1）会计软件应当保障企业按照国家统一会计准则制度开展会计核算，不得有违背统一会计准则制度的功能设计。

（2）会计软件的界面应当使用中文并且提供对中文处理的支持，可以同时提供外国或者少数民族文字界面对照和处理的支持。

（3）会计软件应当提供符合国家统一会计准则制度的会计科目分类和编码功能。

（4）会计软件应当提供符合国家统一会计准则制度的会计凭证、账簿和报表的显示和打印功能。

(二) 记账

会计软件应当提供不可逆的记账功能，确保对同类已记账凭证的连续编号，不得提供对已记账凭证日期、金额、科目和操作人的修改功能。

在实务中，有的软件提供反审核、反记账、反结账等各种逆向操作功能，导致会计核算过程失去严肃性，核算结果可随意更改，成为当前会计软件乱象比较突出的一个问题，也是《企业会计信息化工作规范》重点治理的领域之一。

对记账的规范主要有以下三个方面：

第一，不可逆的记账功能。这里强调的是记账结果，不是记账过程，与会计软件对已记账操作如何进行后台处理无关。也就是说，凭证记账后，该凭证对相关科目发生额和余额的影响就发生效力，此后不管以任何条件输出账簿和报表，该凭证的影响都应当予以反映。不可逆的记账功能，就是说已记账凭证发生的后果不可撤销。之所以强调记账后果而非记账过程，是因为会计软件功能不是手工过程的模拟。信息系统中，会计账簿和报表可能只是一个逻辑概念，没有对应的物理文件，而是根据查询和输出需要即时生成。相应的，会计软件的记账在后台处理中也不一定是即刻在相关账簿中增加一行记录、改变科目的发生额和余额，而是对记账凭证数据做一个记账标记。所以，强调记账后果，就意味着记账标记不得通过任何操作予以取消，在输出账簿和报表时，有记账标记的记账凭证必须参与账簿和报表的生成过程，而没有标记的记账凭证不得参与这一过程。供应商也不得以记账凭证尚未改变账簿数据为由辩称对记账标记的取消不是记账的逆操作。

第二，对记账顺序的保护。包括两个方面：对已记账凭证的连续编号；对已记账凭证删除和插入的禁止。两者结合才能保证原始记账顺序不被篡改。

第三，对记账内容的保护。禁止对已记账凭证关键信息的修改。关键信息是指日期、金额、科目和操作人。这里的日期包括记账凭证上记载的任何日期。操作人员包括经手记账凭证的所有人员。会计软件不得提供对已记账凭证关键信息的修改功能，同时也意味着对尚未记账凭证的修改和已记账凭证其他信息的修改不受限制。

（三）XBRL 财务报告

鼓励软件供应商在会计软件中集成可扩展商业报告语言（XBRL）功能，便于企业生成符合国家统一标准的 XBRL 财务报告。会计软件集成的这一功能，应当符合相关国家标准，确保生成的 XBRL 财务报告在技术上满足质量要求。为帮助供应商开发出合格的 XBRL 软件产品，国家认证认可监督管理委员会、财政部设立了 XBRL 软件认证制度，由独立第三方机构对软件是否符合国家标准进行检测。

（四）数据接口

会计软件应当具有符合国家统一标准的数据接口，以满足外部会计监督需要。

随着会计信息化的发展，会计监督也在不断走向信息化。采用审计软件直接从企业会计系统中调取电子会计资料，并在审计软件辅助下进行查阅、分析并发现疑点，已成为会计监督常用的一种检查方法。除会计监督外，企业更换、升级会计软件，也可能面领着前后软件数据格式不一致的问题，无法进行安全、有效的数据迁移，造成电子数据在软件更新换代中的损失。制定并实施会计软件数据接口的国家标准，可以解决上述问题。会计、审计软件只要都遵循这一标准，不需要开发烦琐的接口工具，就可以实现数据的交换，满足会计监督以及其他需求。

（五）会计资料归档

会计软件应当具有会计资料归档功能，提供导出会计档案的接口，在会计档案存储格式、源数据采集、真实性与完整性保障方面，符合国家有关电子文档归档与电子档案管理的要求。

归档应是对电子会计资料进行鉴别、整理加工和移送档案管理职能部门进行保存的过程。归档时，首先要进行鉴定、区分需要归档和不需要归档的部分，去除不需归档数据和冗余数据，对准备归档电子会计资料鉴定其真实性、完整性和有效性，并按重要程度区分保管期限，组成保管单位。整个过程中，需要将归档的电子会计资料转换成符合归档要求的存储格式，与其源数据一起按要求封装打包，从会计信息系统中导出，传送至档案管理信息系统或归档制定的存储位置，然后对已完成归档的会计资料进行标记，以防止重复归档。电子会计资料归档过程中的有关要求可参照国家标准《电子文件归档与管理规范》。

（六）用户操作日志

会计软件应当记录生成用户操作日志，确保日志的安全、完整，提供按操作人员、操作时间和操作内容查询日志的功能，并能以简单易懂的形式输出。

一般来说，用户操作日志应当满足以下要求：一是完整性。会计软件必须能保证日志的完整性，将所有对会计核算结果可能形成影响的用户操作记录下来，包括对核算结果有直接影响的数据录入、修改、插入和删除，对核算工作所依赖的基础数据的维护。二是安全性。会计软件应当采用技术手段，保证用户操作日志中的任何信息不被用户以任何手段修改和删除。三是可查询性。用户操作日志必须提供对各类操作的查询，以便会计监督人员筛选出想要的信息。会计软件应当在其界面提供对用户操作日志的查询菜单。

（七）会计软件云服务

"会计软件云"是依托于互联网的一种全新会计软件服务和使用模式，是指会计软件未安装在企业本地，而是运行于供应商的远端服务器，用户通过互联网，以网页浏览形式使用软件，会计资料通常情况下也存储在远端服务器中，其本质是会计软件和服务器资源的租用。目前，主流供应商都看好这一服务发展前景，推出了自己的会计软件云服务，其中一些是免费服务。

《企业会计信息化工作规范》从保护会计资料的安全完整和企业会计工作持续进行的角度出发，明确了云服务供应商的相关责任。

（1）以远程访问、云计算等方式提供会计软件的供应商，应当在技术上保证客户会计资料的安全、完整。如果造成损失的，客户可以要求供应商承担赔偿责任。

（2）客户以远程访问、云计算等方式使用会计软件生成的电子会计资料归客户所有。软件供应商不得以任何理由拒绝客户导出电子会计资料的请求。

（3）以远程访问、云计算等方式提供会计软件的供应商，应当做好在本供应商不能维持服务的情况下，保障企业电子会计资料安全以及企业会计工作持续进行的预案，并在相关服务合同中与客户做出约定。

（八）软件供应商相关服务

（1）软件供应商应当努力提高会计软件相关服务质量，按照合同约定及时解决用户使用中的故障问题。会计软件存在影响客户按照国家统一会计准则制度进行会计核算问题的，软件供应商应当为用户免费提供更正程序。

（2）鼓励软件供应商采用呼叫中心、在线服务等方式为用户提供实时技术支持。本规定的目的在于引导软件供应商提高服务的及时性。信息技术的发展，不仅带来会计软件功能的完善以及性能的提高，也为会计软件相关服务水平的提高、服务模式的创新提供了可能。

（3）软件供应商应当就如何通过会计软件开展会计监督工作，提供专门教程和相关资料。为落实本规定，供应商应当就会计监督需求进行分析研究，在此基础上编制相关资料。专门教程和相关资料应当连同会计软件的其他手册一并提供给客户，以备会计监督人员查阅。

第三节 用友 ERP-U8 管理软件简介

一、功能特点

用友 ERP-U8 是企业级解决方案，定位于中国企业管理软件的终端应用市场，可以满足不同的竞争环境，不同的制造、商务模式，以及不同的运营模式下的企业经营，提供从企业日常运营、人力资源管理到办公事务处理等全方位的企业管理解决方案。

用友 ERP-U8 是一个企业综合运营平台，用以满足各级管理者对信息化的不同要求：为高层经营管理者提供大量收益与风险的决策信息，辅助企业制定长远发展战略；为中层管理人员提供企业各个运作层面的运作状况，帮助进行各种事件的监控、发现、分析、解决、反馈等处理流程，力求做到投入产出最优配比；为基层管理人员提供便利的作业环境、易用的操作方式，帮助他们有效履行工作职能。

二、总体结构

历经二十多年的发展，用友 ERP-U8 管理软件汇聚了几十万成功用户的应用需求，累积了丰富的行业先进企业管理经验，以销售订单为导向，以计划为主轴，其业务涵盖财务、物流、生产制造、CRM（客户关系管理）、OA（办公自动化）、管理会计、决策支持、网络分销、人力资源、集团应用，以及企业应用集成等全面应用，用友 ERP-U8 管理软件的总体结构如图 1-1 所示。

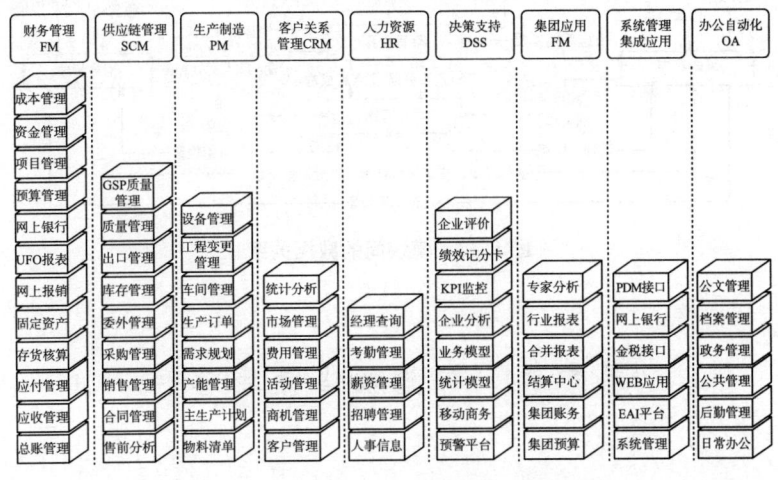

图 1-1 用友 ERP-U8 管理软件的总体结构

从图 1-1 可见，用友 ERP-U8 管理软件提供了企业信息化全面解决方案，它对应了高等教育的多个专业方向，如企业管理、物流管理、信息管理、会计和人力资源管理等。对于教学而言，如果全面展开上述所有内容无疑面临着资源瓶颈——教学学时。因此在综合考虑教学对象、教学内容和教学学时的基础上，在此选择了其中的财务管理和供应链管理两部分中的常用模块搭建了本教材的实验体系，以支撑企业财务业务的一体化管理。财务管理中选择了总账管理、UFO 报表、固定资产、应收管理、应付管理、存货核算等主要模块。供应链管理中选择了采购管理、销售管理、库存管理等主要模块。另外，还包括人力资源管理中的薪资管理。

注意：此前财务会计部分中所含工资管理模块在 8.72 版本中已成为人力资源系统的组成部分，称为薪资管理。

三、数据关联

本教程选用用友 ERP-U8 软件的财务管理、供应链管理、人力资源管理中共计 10 个常用模块作为学习对象，为了使学习者对财务业务一体化运行模式有一个总体认识和了解，现以图 1-2 所示描述这些模块之间的数据关系。

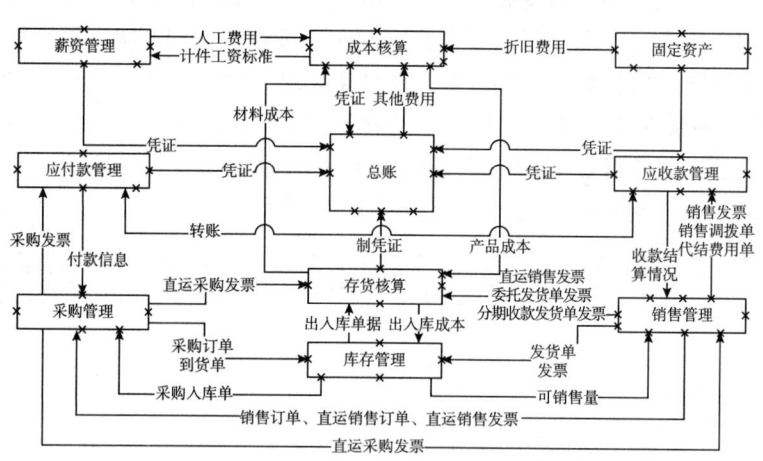

图 1-2　模块间的数据关系

第四节　实验教程使用导航

使用本实验教程之前，最好先了解"会计信息系统"的基本工作原理，或者在每一个实验开始之前，由教师简要介绍相关背景知识、企业业务内容及系统实现原理，然后再开始试验，以有效巩固所学理论，熟练掌握财务业务一体化管理软件的基本操作，进一步理解企业管理软件的整体系统结构和运行特征，理解计算机环境下的信息处理方式。

一、本教程设计思想

本教程共包括七章，除第一章和第二章外，每章都包括系统概述、系统业务处理和数量不等的上机实验等内容。系统概述部分着重用来描述本章所介绍的用友 ERP–U8 管理软件所提供的功能，该系统与其他子系统的数据传递关系、业务操作流程，使学生对该系统建立粗略地了解。系统业务处理部分对子系统提供的功能做了一定程度的展开，使学生了解该系统能处理哪些类型的业务。上机实验部分是本教程的重点，每个上机实验都按照实验目的、实验内容、实验准备、实验资料、实验要求、操作指导的内容展开。实验目的部分明确了通过该实验学员应该掌握的知识和技能；实验内容部分简要地介绍了本项试验应完成的主要工作；实验准备部分指出了为了完成本实验应该具备的知识及应事先准备的数据环境；实验资料部分提供了企业真实的经济业务，作为实验的背景资料；实验要求部分对完成实验提出了具体要求；为顺利完成实验，操作指导部分针对实验资料给出了具体的操作方法，并借助注意事项对实验中遇到的问题给予特别提示。

二、实验教程特色

（一）独具匠心的实验设计

实验教程中的上机实验以一个核算主体的业务活动贯穿始终，每个实验反映企业核算的不同方面。尤其是购销存部分的实验指导，摒弃了一般实验指导书中按子系统功能展开的思路，以企业实际业务流程为主线，便于学员对系统的整体把握。

（二）随心所欲的拼装组合

考虑到不同专业、不同教学对象的教学学时不同，因此实验设计为"拼板"方式，既可以由上至下顺序进行，也可以由教师根据教学条件的限制，考虑到学生基础和教学目标，任意选择其中的若干实验，给予教学最大限度的自由度。

(三) 无师自通不再是梦

考虑到在一定的教学条件下,很多实验在规定的教学学时内无法安排,需要由学生在课外自行完成,因此对每个实验的方方面面都做了周密考虑,尤其是操作指导部分,针对不同业务给予非常翔尽的操作步骤,以此为对照,学生便可以按部就班地完成全部试验,掌握管理软件的精要。

三、教学系统安装

(一) 系统技术架构

用友 ERP - U8 管理软件采用三层架构体系,即逻辑上分为数据服务器、应用服务器和客户端。采用三层架构设计,可以提高系统效率与安全性,降低硬件投资成本。

物理上,既可以将数据服务器、应用服务器和客户端安装在一台计算机上 (即单机应用模式);也可以将数据服务器和应用服务器安装在一台计算机上,而将客户端安装在另一台计算机上 (网络应用模式,但只有一台服务器);当然,还可以将数据服务器、应用服务器和客户端分别安装在不同的 3 台计算机上 (网络应用模式,且有两台服务器)。如果是 C/S 网络应用模式,在服务端和客户端分别安装了不同的内容,需要进行 3 层结构的互联。在系统运行过程中,可根据实际需要随意切换远程服务器,即通过在登录时改变服务器名称来访问不同服务器上的业务数据,从而实现单机到网络应用模式的转换。

(二) 系统运行环境

用友 ERP - U8 管理软件属于应用软件范畴,需要按以下要求配置硬件环境,准备系统软件,如表 1 - 1 所示 (此处给出的硬件环境为最低配置,一般而言,近两三年来的主流硬件配置可完全满足系统运行需求)。

表 1 - 1　　　　用友 ERP - U8 要求的软件和硬件环境

分类	硬件环境 (最低配置)	操作系统
客户端	内存 512MB 以上;CPUP3 800MHz 以上; 安装盘 (U8.72 所安装的盘符) 空间 10GB 以上; 系统盘 (操作系统所安装的盘符) 有 2GB 以上的空间	WindowsXP + SP2 或 Windows2000Server/Professional + SP4 或 Windows2003Server + SP2 或 WindowsNT + SP6a

续表

分类	硬件环境（最低配置）	操作系统
数据服务器	内存1GB以上；CPU频率1.8GHz以上； 磁盘空间40GB以上	Windows2000Server + SP4 或 Windows2003Server + SP2 或 WindowsNT + SP6a
应用服务器	内存1GB以上；CPU1.8GHz以上；磁盘空间40GB以上	WindowsXP + SP2 或 Windows2000Server + SP4 或 Windows2003Server + SP2
网络协议	IE6.0 + SP1，TCP/IP，Named Pipe	

注意：

◆ 如果是单机安装，即把数据服务器、应用服务器、客户端安装在一台机器上，需要满足以上3项最低配置要求。

◆ 在数据服务器安装、单机版安装或安装所有产品的情况下，需首先安装 SQL Server 2000 + SP4。

（三）SQL Server 2000 数据库的安装

用友 ERP – U8 管理软件要求以 SQL Server 2000 作为后台数据库。SQL Server 2000 有个人版、标准版、企业版、专业版等多种版本，建议服务器上安装 SQL Server 2000 标准版；客户端视其安装的操作系统安装 SQL Server 2000 标准版或个人版。下面以安装 SQL Server 2000 个人版为例介绍安装过程，其操作步骤如下：

（1）执行 SQL Server 2000 安装文件 Setup 后，打开 SQL Server 2000 自动菜单，选择其中的"安装 SQL Server 2000 组件"命令，打开"安装组件"对话框。

（2）选择其中的"安装数据服务器"选项，稍候，打开"安装向导——欢迎"对话框，单击"下一步"按钮，打开"计算机名"对话框。选择"本地计算机"选项，单击"下一步"按钮，打开"安装选择"对话框。

（3）选择"创建新的 SQL Server 实例，或安装客户端工具"选项，单击"下一步"按钮，打开"用户信息"对话框。输入姓名，单击"下一步"按钮，打开"软件许可证协议"对话框。阅读后，单击"是"按钮，打开"安装定义"对话框。

（4）选择"服务器和客户端工具"选项，单击"下一步"按钮，打开"实例名"对话框，采用系统默认，单击"下一步"按钮，打开"安装类型"对话框。选择"典型"选项，并选择文件安装路径，单击"下一步"按钮，打开"选择组件"对话框。采用系统默认，单击"下一步"按钮，打开"服务账户"对话框。

（5）选择"对每个服务使用同一账户。自动启动 SQL Server 服务"选项，将服务设置为"使用本地系统账户"，单击"下一步"按钮，打开"身份验证模式"对话框。

（6）为了加强系统安全性，选择"混合身份验证模式"，选中"空密码"复选框，单击"下一步"按钮，打开"开始复制文件"对话框。

（7）单击"下一步"按钮，打开"Microsoft Data Access Components 2.6 安装"对话框，按照系统提示关闭列表中的任务；单击"下一步"按钮，打开安装"软件"对话框，单击"完成"按钮开始安装。

（8）稍候片刻，系统安装结束，显示"安装结束"对话框，单击"完成"按钮，结束 SQL Server 2000 安装。

（9）接下来，安装 SQL Server 2000 的 SP4 补丁包（可通过网上下载，先解压，再安装）。

（四）用友 ERP – U8 管理软件安装

为确保系统安装成功，提醒大家在安装之前注意以下问题。

- 最好计算机在安装操作系统和必要的补丁后，没有安装过任何其他软件。
- 安装前，请用系统管理员或具有同等权限的人员登录（用户 ID 属于 Administrators 组），进行安装。

下面以单机安装用友 ERP – U8.72 管理软件（即将 SQL Server 数据库和用友 ERP – U8.72 安装到一台计算机上，也是普通用户学习时通常选择的安装模式）为例，介绍其具体的安装步骤。

（1）确保计算机上所安装的操作系统满足表 1 – 1 中的要求（一般用 Windows XP + SP2 或 SP3，可通过"系统属性"进行查看）。

（2）若系统中未默认安装 IIS（Internet 信息服务）。则需要安装该组件，可通过执行"控制面板——添加/删除程序——Windows 组件——添加 IIS 组件"命令来安装。安装过程中需要用到 Windows XP 安装盘。

（3）确保系统中已经安装 SQL Server2000 + SP4 数据库系统。

（4）以系统管理员 Administrator 身份注册进入 Windows 系统，将用友 ERP – U8.72 管理软件光盘放入光驱中。

（5）双击"光盘 \ 用友 ERP – U8.72 \ U872SETUP \ setup.exe"文件（标识为一个 U8 图标），运行安装程序。

（6）根据提示单击"下一步"按钮进行操作，直至出现图 1 – 3 所示的选择安装类型界面。

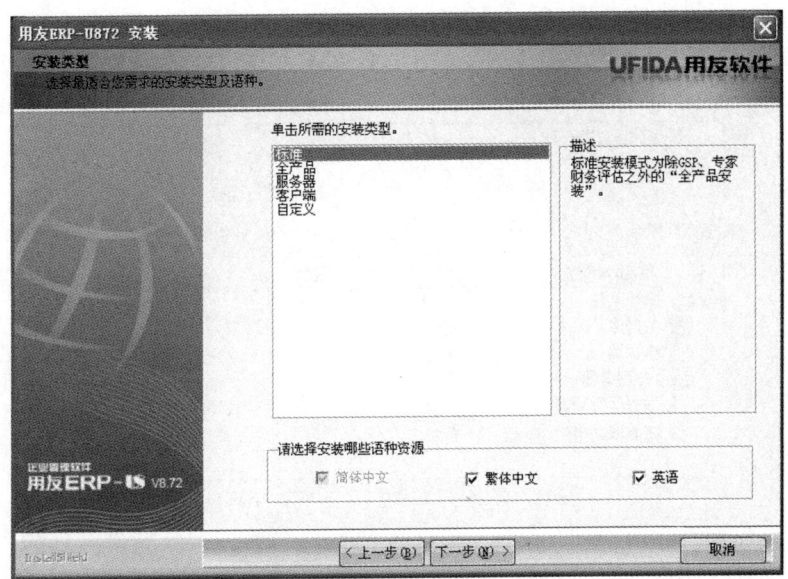

图1-3 选择安装类型

（7）因为是将 SQL Server 数据库和用友 ERP-U8.72 安装到一台计算机上，这里选择"标准"安装类型或"全产品"安装类型。"标准"安装模式为除 GSP、专家财务评估之外的"全产品"安装。

（8）单击"下一步"按钮，接下来进行系统环境检测，看系统配置是否已经满足所需条件，如图1-4所示。

提示：图1-4中所示为所需环境已经满足。若未有满足的条件，则安装不能向下进行，并在图中给出未满足的项目，此时可单机未满足的项目链接，系统会自动定位到组件所在光盘位置，让用户手动安装。

（9）接下来单击"安装"按钮，即可进行安装，如图1-5所示（此安装过程较长，请耐心等待）。

（10）安装完成后，单击"完成"按钮，重新启动计算机。

（11）系统重启后，出现"正在完成最后的配置"提示信息，如图1-6所示。在其中输入数据库名称（即为本地计算机名称，可通过"系统属性"中的"计算机名"查看），SA 口令（安装 SQL Server 时所设置的口令），单击"测试连接"按钮，测试数据库连接。若一切正常，则会出现连接成功的提示信息。

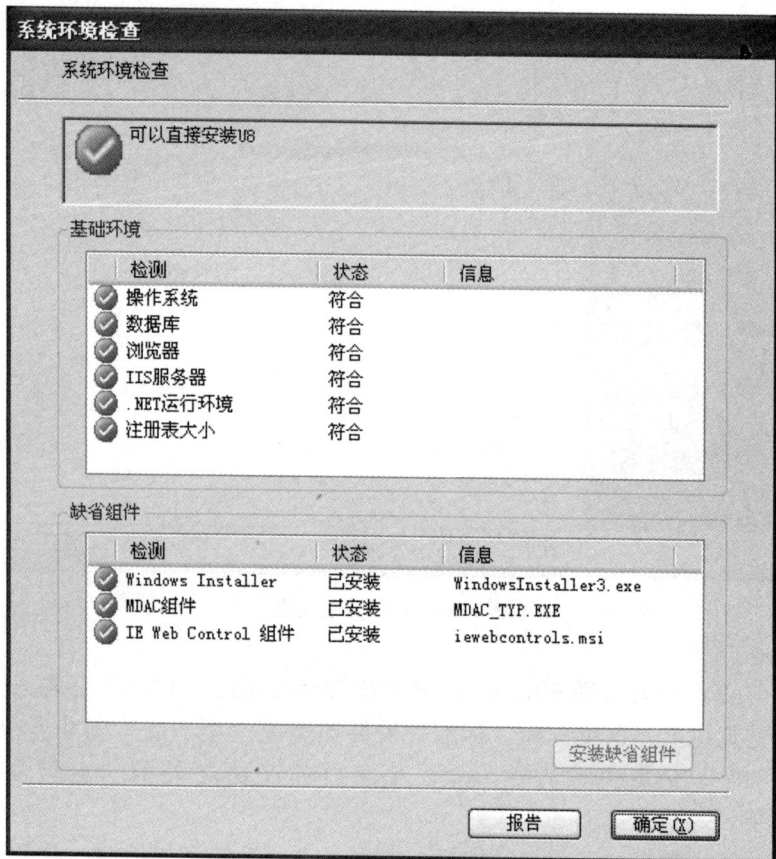

图1-4　系统环境检测报告

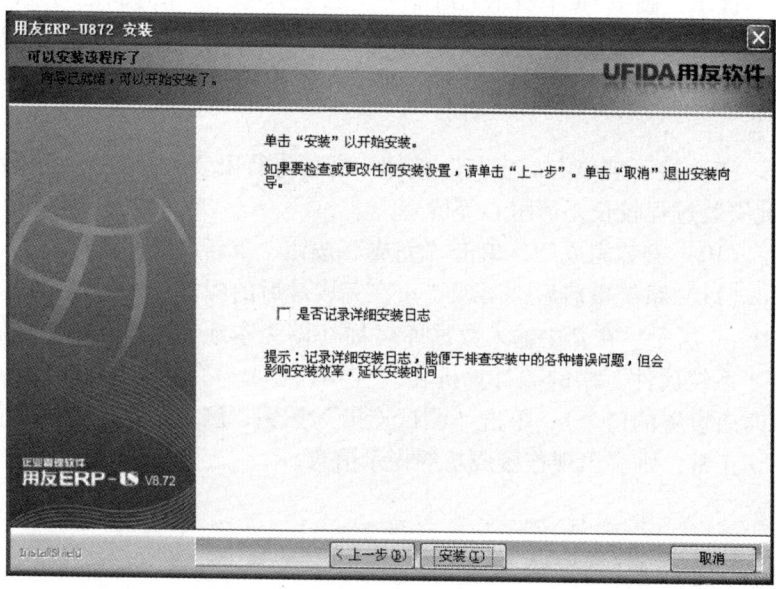

图1-5　开始安装用友ERP-U8.72

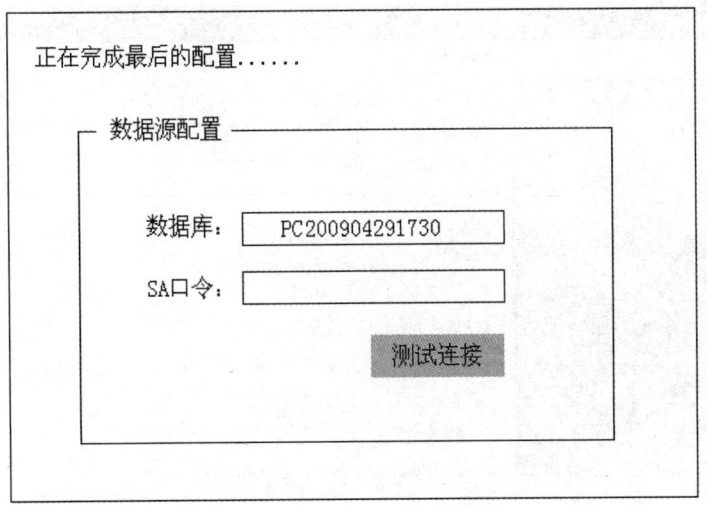

图1-6 测试数据库连接

（12）接下来系统会提示是否初始化数据库，单击"是"按钮，提示"正在初始化数据库实例，请稍候……"。数据库初始化完成后，出现如图1-7所示的"登录"窗口。

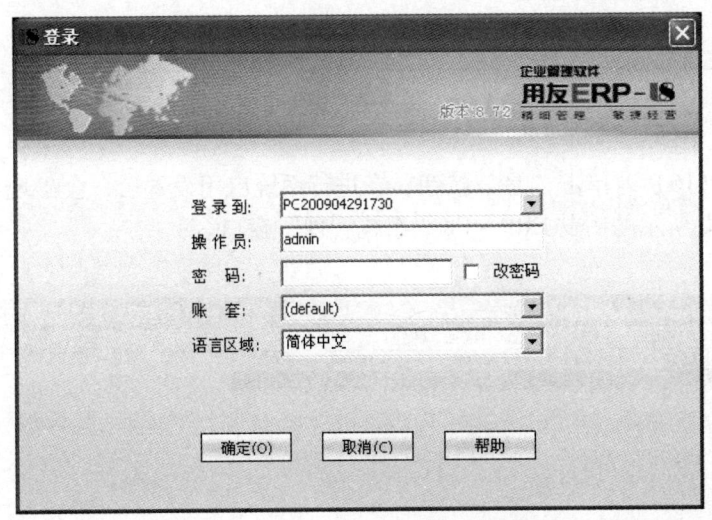

图1-7 用友ERP-U8.72登录窗口

（13）在"登录"窗口中，"登录到"选择本地计算机，"操作员"输入admin，"密码"为空，"账套"选择default（U8.72系统默认），单击"确定"按钮。

（14）系统提示创建账套，如图1-8所示。

（15）根据提示创建账套完成后，会出现如图1-9所示的信息，问是否现在进行系统启用的设置。

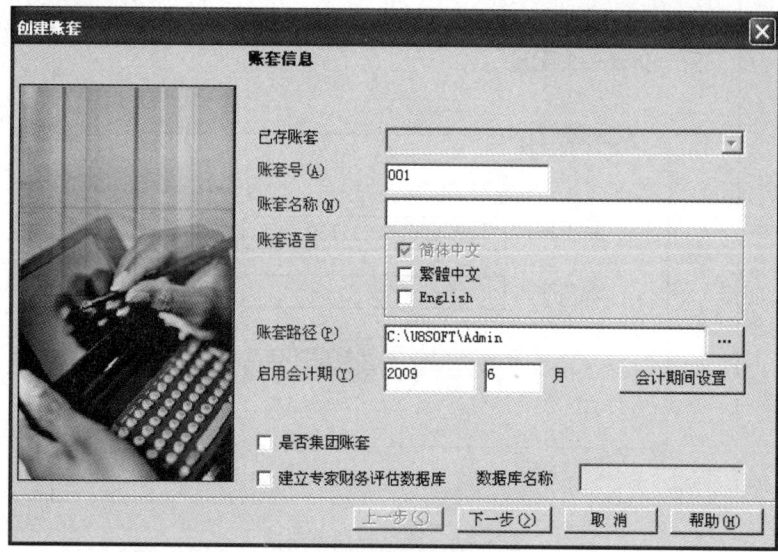

图1-8　创建账套提示

图1-9　询问是否进行系统启用

（16）若单击"是"按钮，在进行系统启用设置后，会出现如图1-10所示的用友ERP-U8"系统管理"窗口。

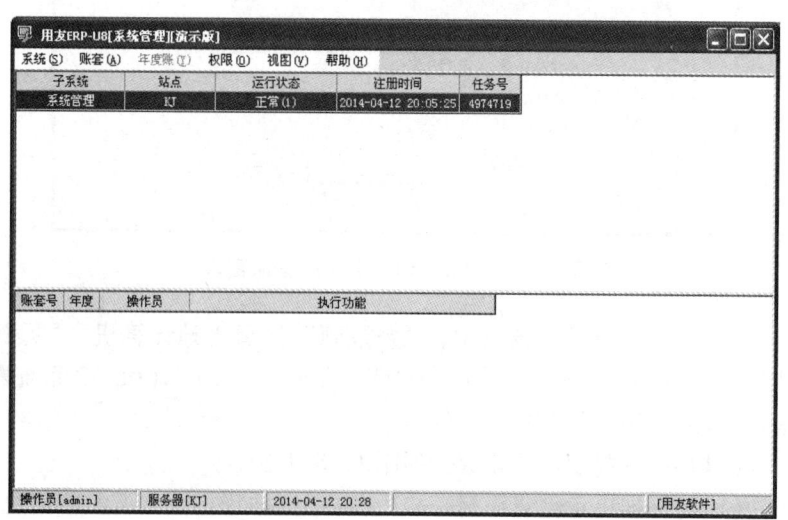

图1-10　用友ERP-U8"系统管理"窗口

（17）至此，用友 ERP – U8.72 软件系统全部安装完成。用户可通过执行"开始"｜"程序"｜"用友 ERP – U8"命令启动系统管理，登录企业应用平台等。

提示：

◆ 成功安装后，会在屏幕右下角任务栏中显示 SQL Server 数据服务管理器图标和 U8 应用服务管理器图标。

◆ 用友 ERP – U8.72 安装完成后系统内没有安装演示账套，请参见第二章"实验一"建立账套。

第二章
系统管理与企业应用平台

学习目标
- 了解系统管理在 ERP – U8 管理软件中的地位及作用
- 理解账套、年度账的概念及其关系
- 理解操作员及权限管理的意义,掌握操作员及权限的设置方法
- 掌握在系统管理中进行数据安全管理的方法

顾名思义,系统平台是为企业管理系统的正常运行提供基本支撑的。会计信息系统作为企业管理系统中不可或缺的部分,本身也是由多个子系统组成的,各个子系统服务于企业的不同层面,为不同的管理需要服务。子系统本身既具有相对独立的功能,彼此之间又具有紧密的联系,它们共用一个企业数据库,拥有公共的基础信息、相同的账套和年度账,为实现企业财务、业务的一体化管理提供了基础条件。在财务、业务一体化管理应用模式下,系统平台为各个子系统提供了一个公共平台,用于对整个系统的公共任务进行统一管理,如基础信息及基本档案的设置、企业账套的管理、操作员的建立、角色的划分和权限的分配等,企业管理系统中任何产品的独立运行都必须以此为基础。

系统平台主要由两部分组成:系统管理和企业应用平台。

第一节 系统管理

用友 ERP – U8 管理软件由财务管理、供应链管理、生产管理等多个部分组成,每个部分又包括若干个子系统,如财务管理包括总账管理、报表管理、固定资产管理等,各个子系统服务于企业的不同层面,为不同的管理需要服务。子系统本身既具有相对独立的功能,彼

此之间又具有紧密的联系，它们共用一个企业数据库，拥有公共的基础信息、相同的账套和年度账。

一、功能概述

系统管理是用友 ERP – U8 管理软件中一个非常特殊的组成部分。它的主要功能是对拥有 ERP – U8 管理软件的各个产品进行统一的操作管理和数据维护，具体包括账套管理、年度账管理，操作员及权限的集中管理、系统数据及运行安全的管理等方面。

（一）账套管理

账套是指一组相互关联的数据。每一个独立核算的企业都有一套完整的账簿体系，把这样一套完整的账簿体系建立在计算机系统中就称为一个账套。一般来说，可以为企业中每一个独立核算的单位建立的一个账套。换句话说，在系统中，可以为多个企业（或企业内多个独立核算的部门）分别建账，且各账套数据之间相互独立、互不影响，使资源得到最大程度的利用。

建账管理功能一般包括账套的建立、修改、删除、引入和输出等。

（二）年度账管理

年度账与账套是两个不同的概念，一个账套中包含了企业所有的数据。把企业的数据按年度划分，成为年度账。用户不仅可以建立多个账套，而且每个账套中还可以存放不同年度的年度账。这样，对不同的核算单位、不同时期的数据，就可以方便地进行操作。

年度账管理包括年度账建立、清空、引入、输出和结转上年数据等。

（三）对操作员及其权限管理

为了保证系统及数据的安全与保密，系统管理提供了操作员的及操作权限的集中管理功能。通过对系统操作分工和权限的管理，一方面可以避免与业务无关的人员进入系统，另一方面可以对系统所含的各个模块的操作进行协调，以保证各负其责，流程顺畅。

操作员管理包括操作员的增加、修改、删除等操作。

操作员权限的管理包括操作员权限的增加、修改、删除等操作。

(四) 设立统一的安全机制

对企业来说，系统运行安全、数据存储安全是必需的。设立统一的安全机制包括设置系统运行过程中的监控机制，设置数据自动备份，清除系统运行过程中的异常任务等。

二、比较相关概念

(一) 账套与年度账

用友 ERP-U8 管理软件中最多允许建立 999 个账套。不同的账套数据之间彼此独立，没有丝毫关联。账套是由年度账组成的。每个账套中一般存放不同年度的会计数据，为方便管理，不同年度的数据存放在不同的数据表中，即为年度账。

采用账套和年度账两层结构，各层的优点如下。

◆ 便于企业的管理，如进行账套的上报、跨年的数据结构调整等。
◆ 方便数据输出和引入。
◆ 减少数据的负担，提高应用效率。

(二) 引入和输出

引入和输出即通常所指的数据的恢复和备份。

引入账套功能是指将系统外某账套数据引入本系统中。对于集团公司来说，可以将子公司的账套数据定期引入到母公司系统中，以便进行有关账套数据的分析和合并工作。

注意：

◆ 如果需要定期将子公司的账套引入到总公司系统中，最好预先在建立账套时就进行规划，为每一个子公司设置不同的账套号，以避免引入子公司数据时因为账套号相同而覆盖其他账套的数据。

◆ 账套输出时，输出两个文件。UfErpAct.Lst 为账套信息文件；UFDATA 是账套数据文件。

◆ 输出账套功能是指将所选的账套数据做一个备份。对于年度账数据来说，也有引入和输出操作，其含义和操作方法与账套的引入和输出是相同的，所不同的是年度账引入和输出的操作对象不是对整个账套，而是针对账套中的某一年度的年度账。

(三) 角色与用户

角色是指在企业管理中拥有某一类职能的组织，这个组织可以是实际的部门，也可以是由拥有同一类职能的人所构成的虚拟组织。例如，实际工作中最常见的会计和出纳两个角色（他们既可以是同一个部门的人员，也可以分属不同的部门，但工作职能是一样的）。在设置了角色之后，就可以定义角色的权限，当用户归属某一角色后，就相应地拥有了该角色的权限。设置角色的方便之处在于可以根据职能统一进行权限的划分，方便授权。

用户是指有权限登录系统，对该系统进行操作的人员，即通常意义上的"操作员"。每次注册登录系统都要进行用户身份的合法性检查。只有设置了具体的用户之后，才能进行相关的操作。

用户和角色的设置可以不分先后顺序，但对于自动传递权限来说，应该首先设定角色，然后分配权限，最后进行用户的设置。这样在设置用户的时候，选择其归属哪一个角色，则其自动拥有该角色的权限，包括功能权限和数据权限。一个角色可以拥有多个用户，一个用户也可以分属于多个不同的角色。

（四）系统管理员与账套主管

系统允许以两种身份注册进入系统管理。一种是以系统管理员的身份，另一种是以账套主管的身份。

系统管理员负责整个系统的总体控制和数据维护工作，他可以管理该系统中所有的账套。以系统管理员身份注册进入，可以进行账套的建立、引入和输出，设置角色和用户，指定账套主管；设置和修改用户的密码及其权限等。

账套主管负责所选账套的维护工作。主要包括对所选账套参数进行修改，对年度账的管理（包括年度账的建立、清空、引入、输出和结转上年数据），以及该账套操作员权限的设置。

三、建立新年度核算体系

新年度到来时，应设置新年度核算体系，即设置新年度的账簿并将上年余额过渡到新年度，以便开始新的一年的核算。年度账的管理工作由账套主管全权负责，因此需要以账套主管的身份注册进入管理系统。新年度建账流程如下：

（一）年度账备份

在新年度核算体系建立前，首先要将上年业务处理完毕，然后执行"年度账"｜"输出"命令，做好年度账的备份工作。

（二）建立新年度账

执行"年度账"｜"建立"命令，建立新年度账。系统按年度先后顺序建立，不能修改会计年度。

(三) 结转上年数据

持续经营是会计假设之一。企业的会计工作是一个连续性的工作。每到年末，启用新账套时，需要将上年度中的相关账户余额及其他信息结转到新年度账中。

年度账建立成功后，执行"系统"｜"注销"命令，再以新年度重新注册，执行"年度账"｜"结转上年数据"命令，进行上年数据结转。

注意：

◆ 若某年度账中错误太多，或不希望将上年度的余额或其他信息全部转到下一年度，就需要执行"年度账"｜"清空年度数据"命令。"清空"并不是将年度账的数据全部清空，还可以保留一些必要信息，如基础信息、科目等。

◆ 结转上年数据时，必须遵循以下顺序：首先结转供应链管理系统各模块的上年余额，再结转应收应付款管理系统上年余额，最后结转总账系统的上年余额。

(四) 调整相关事项

成功结转上年余额后，在新年度日常业务开始之前，可以对某些事项做调整。例如，可以增加、修改或删除科目；对于已经两清的单位和个人项目可以删除等。

(五) 新年度日常业务

相关事项调整完毕后，就可以开始新年度的日常业务处理了。

第二节 企业应用平台

一、企业应用平台概述

为了使用友ERP-U8管理软件能够成为连接企业员工、用户和合作伙伴的公共平台，使系统资源得到高效、合理的使用，在用友ERP-U8管理软件中设立了企业应用平台。通过企业应用平台，系统使用者能够从单一入口访问其所需的个性化信息，定义自己的业务工作，并设计自己的工作流程。

二、基础设置

基础设置是为系统的日常运行做好基础工作，主要包括基本信息设置、基础档案设置、数据权限设置和单据设置。

（一）基本信息设置

在基本信息设置中，可以对建账过程确定的编码方案和数据精度进行修改，并进行系统启用设置。

用友 ERP-U8 管理系统分为财务会计、管理会计、供应链、生产制造、人力资源、集团应用、决策支持和企业应用集成等产品组，每个产品组中又包含若干模块，它们中大多数既可以独立运行，又可以集成使用，但两种方法的流程是有差异的，一方面企业可以根据本身的管理特点选购不同的子系统；另一方面企业也可能采取循序渐进的策略有计划地先启用一些模块，一段时间之后再启用另一些模块。系统启用为企业提供了选择便利，它可以表明企业在何时启用了哪些子系统。只有设置了系统启用的模块才可以登录。

有两种方法可任意设置系统启用。一种是在企业建账完成后立即进行系统启用；另一种是在建账结束后由账套主管在系统管理中进行系统启用设置。

（二）基础档案设置

一个企业账套是由若干个子系统构成的，这些子系统共享共用的基础档案信息，基础档案是系统运行的基石。在启用新账套之前应根据企业的实际情况，结合系统基础档案设置的要求，事先做好基础数据的准备工作。

由于企业基础数据之间存在前后承接关系，因此，基础档案的设置应遵从一定的顺序。

（三）数据权限设置

用友 ERP-U8 管理软件中，提供了三种不同性质的权限管理：功能权限、数据权限和金额权限。

功能权限在系统管理中进行设置，主要规定了每个操作员对各模块即细分功能的操作权限。

数据权限是针对业务对象进行控制，可以选择特定业务对象的某些项目和某些记录进行查询和录入的权限控制。

金额权限的主要作用体现在两个方面：一是设置用户在填制凭证时，对特定科目允许输入的金额范围；二是设置用户在填制采购订单时，允许输入的采购金额范围。例如，设定某操作员只能录入金额在 2 000 元以下的凭证。

（四）单据设置

不同企业各项业务处理中使用的单据可能存在细微的差别，用友 ERP－U8 管理软件中预置了常用单据模板，并且允许用户对各单据类型的多个显示模板和多个打印模板进行设置，以定义本企业需要的单据格式。

三、业务处理

在企业应用平台的"业务"界面中，集成了登录操作员拥有操作权限的所有功能模块，因此，该界面也是操作员进入用友 ERP－U8 管理软件的唯一入口。

实验一　系统管理和基础设置

【实验目的】

（1）掌握用友 ERP－U8 管理软件中系统管理和基础设置的相关内容。

（2）理解系统管理在整个系统中的作用及基础设置的重要性。

【实验内容】

（1）建立单位账套。

（2）增加操作员。

（3）进行财务分工。

（4）输入基础信息。

（5）备份账套数据。

（6）修改账套参数。

【实验准备】

（1）已正确安装用友 ERP－U8 管理软件。

（2）设置系统日期格式（以 Windows 2000 操作系统为例），操作步骤如下：

①执行"开始"｜"设置"｜"控制面板"命令，进入"控制面板"窗口。

②双击其中的"区域选项"图标，进入"区域选项"窗口。

③单击"日期"选项卡。

④单击打开"短日期样式"下拉列表框,选择下拉列表中的"yyyy－mm－dd"选项。

⑤单击"确定"按钮返回。

【实验资料】

1. 建立新账套

(1) 账套信息。账套号：008；账套名称：北京明天科技有限公司；采用默认账套路径；启用会计期：2014年08月；会计期间设置：默认。

(2) 单位信息。单位名称：北京明天科技有限公司；单位简称：明天公司；单位地址：北京海淀区；法人代表：肖义；邮政编码：100000；联系电话及传真：00000001；税号：110108200700000。

(3) 核算类型。该企业的记账本位币：人民币（RMB）；企业类型：工业；行业性质：2007年新会计制度；科目预置语言：中文（简体）；账套主管：陈力；选中"按行业性质预置科目"复选框。

(4) 基础信息。该企业有外币核算，进行经济业务处理时，需要对存货、客户、供应商进行分类。

(5) 分类编码方案。该企业的分类方案如下：

科目编码级次：4222

客户和供应商分类编码级次：223

存货分类编码级次：1223

部门编码级次：122

地区分类编码级次：223

结算方式编码级次：12

收发类别编码级次：12

(6) 数据精度。该企业对存货数量、单价小数位定为2。

(7) 系统启用。启用总账系统，启用时间为2014－08－01。

2. 财务分工

(1) 001　陈力（口令：无）。

角色：账套主管。

负责财务业务一体化管理系统运行环境的建立，以及各项初始设置工作；负责管理软件的日常运行管理工作，监督并保证系统的有效、安全、正常运行；负责总账管理系统的凭证审核、记账、账簿查询、月末结账工作；负责报表管理及其财务分析工作。

具有系统所有模块的全部权限。

(2) 002　王梅（口令：无）。

角色：出纳。

负责现金、银行账管理工作。

具有"总账—凭证—出纳签字"、"总账—出纳"的操作权限。

（3）003　马杰（口令：无）。

角色：总账会计、应收会计、应付会计。负责总账系统的凭证管理工作以及客户往来、供应商往来管理工作。

具有总账管理、应收款管理、应付款管理的全部操作权限。

（4）004　白雪（口令：无）。

角色：采购主管、仓库主管、存货核算员。

主要负责采购业务处理。

具有公共单据、公用目录设置、应收款管理、应付款管理、总账管理、采购管理、销售管理、库存管理、存货核算的全部操作权限。

（5）005　王丽（口令：无）。

角色：销售主管、仓库主管、存货核算员。

主要负责销售业务处理。

权限同白雪。

注意：以上权限设置只是为了实验中的学习，与企业实际分工可能有所不同，企业相关操作员比较多，分工比较细致。

3. 设置基础档案

北京明天科技有限公司分类档案资料如下：

（1）部门档案。

部门编码	部门名称	部门属性
1	管理中心	管理部门
101	总经理办公室	综合管理
102	财务部	财务管理
2	供销中心	供销管理
201	销售部	市场营销
202	采购部	采购供应
3	制造中心	生产部门
301	一车间	生产制造
302	二车间	生产制造

（2）人员类别。本企业在职人员分为 4 类。

分类编码	分类名称
1001	企业管理人员
1002	经营人员
1003	车间管理人员
1004	生产人员

（3）人员档案。

人员编码	人员姓名	性别	行政部门	人员类别	是否业务员	是否操作员	对应操作员编码
101	肖义	男	总经理办公室	企业管理人员	是	是	
102	陈力	男	财务部	企业管理人员	是	是	001
103	王梅	女	财务部	企业管理人员	是	是	002
104	马杰	女	财务部	企业管理人员	是	是	003
221	王丽	女	销售部	经营人员	是	是	005
222	孙健	男	销售部	经营人员	是	是	
231	白雪	女	采购部	经营人员	是	是	004
232	李平	男	采购部	经营人员	是	是	

（4）地区分类。

地区分类	分类名称
01	东北地区
02	华北地区
03	华东地区
04	华南地区
05	西北地区
06	西南地区

（5）供应商分类。

分类编码	分类名称
01	原料供应商
02	成品供应商

(6)客户分类。

分类编码	分类名称
01	批发
02	零售
03	代销
04	专柜

(7)客户档案。

客户编号	客户名称/简称	所属分类码	所属地区	税号	开户银行（默认值）	银行账号	地址	邮政编码	扣率	分管部门	分管业务员
001	华美公司	01	02	120009884732788	工行上地分行	73853654	北京市海淀区上地路1号	100077	5	销售部	王丽
002	昌乐贸易公司	01	02	120008456732310	工行华苑分行	69325581	天津市南开区华苑路1号	300310		销售部	王丽
003	精品公司	04	03	310106548765432	工行徐汇分行	36542234	上海市徐汇区天平路8号	200032		销售部	孙健
004	利群公司	03	01	108369856003251	中行平房分行	43810548	哈尔滨市平房区和平路116号	150008	10	销售部	孙健

(8)供应商档案。

供应商编号	供应商名称	所属分类码	所属地区	税号	开户银行	银行账号	邮编	地址	分管部门	分管业务员
001	兴利公司	01	02	110567453698462	中行	48723367	100045	北京市朝阳区十里堡8号	采购部	白雪
002	建新公司	01	02	110479865267583	中行	76473293	100036	北京市海淀区开拓路108号	采购部	白雪
003	亚美商行	02	03	320888465372657	工行	55561278	230187	南京市湖北路100号	采购部	李平
004	艾琪公司	02	03	310103695431012	工行	85115076	200232	上海市浦东新区东方路1号甲	采购部	李平

【实验要求】

(1) 以系统管理员 admin 的身份，进行增加操作员、建立账套、财务分工、备份账套操作。

(2) 以账套主管"陈力"的身份，进行系统启用、基础档案设置、账套数据修改操作。

【操作指导】

1. 启动系统管理

执行"开始"│"程序"│"用友 ERP - U8"│"系统服务"│"系统管理"命令，启动系统管理。

2. 以系统管理员身份登录系统管理

(1) 执行"系统"│"注册"命令，打开"登录"系统管理对话框（见图 2 - 1）。

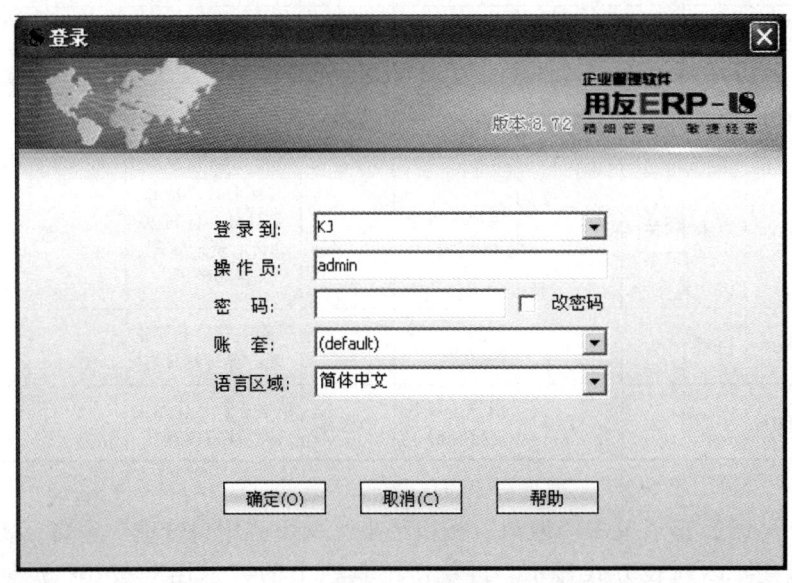

图 2 - 1　登录

(2) 系统中预先设定了一个系统管理员 admin，第一次运行时，系统管理员密码为空，选择系统默认账套（default），单击"确定"按钮，以系统管理员身份进入系统管理。

注意：

◆ 为了保证系统的安全性，在"登录"系统管理对话框中，可以设置或更改系统管理员的密码。如设置系统管理员密码为 666666 的操作步骤如下：

第一，选中"改密码"复选框和系统默认账套，单击"确定"按钮。

第二，打开"设置操作员密码"对话框，在"新密码"和"确认"后面的输入框中均输入 666666。

第三，单击"确定"按钮，返回系统管理。

◆ 一定要牢记设置的系统管理员密码，否则无法以系统管理员的身份进入系统管理，也就不能执行账套数据的引入和输出。

◆ 考虑实际教学环境，建议不要设置系统管理员密码。

3. 增加操作员

（1）执行"权限"｜"用户"命令，进入"用户管理"窗口。

（2）单击工具栏上的"增加"按钮，打开"增加用户"对话框，按表 2-1 中所示的资料输入操作员。

表 2-1　　　　　　　　　用户管理

编号	姓名	口令	确认口令	认证方式	所属部门	角色	补充设置权限
001	陈力	无	无	用户+口令（传统）	财务部	账套主管	
002	王梅	无	无	用户+口令（传统）	财务部	出纳	出纳签字
003	马杰	无	无	用户+口令（传统）	财务部	总账会计、应收款会计、应付款会计、资产管理、薪酬经理	总账
004	白雪	无	无	用户+口令（传统）	采购部	采购主管、仓库主管、存货核算员	
005	王丽	无	无	用户+口令（传统）	销售部	销售主管、仓库主管、存货核算员	

（3）最后单击"取消"按钮结束，返回"用户管理"窗口，所有用户以列表方式显示。再单击工具栏上的"退出"按钮，返回"系统管理"窗口。

注意：

◆ 只有系统管理员才有权限设置角色和用户。

◆ 用户编号在系统中必须唯一，即使是不同的账套，用户编号也不能重复。

◆ 设置操作员口令时，为保密起见，输入的口令字以"＊"号在屏幕上显示，如图 2-2 所示。

◆ 所设置的操作员用户一旦被引用，便不能被修改和删除。

◆ 在"增加用户"对话框中，蓝色字体标注的项目为必输项，其余项目为可选项。

这一规则适用所有界面。

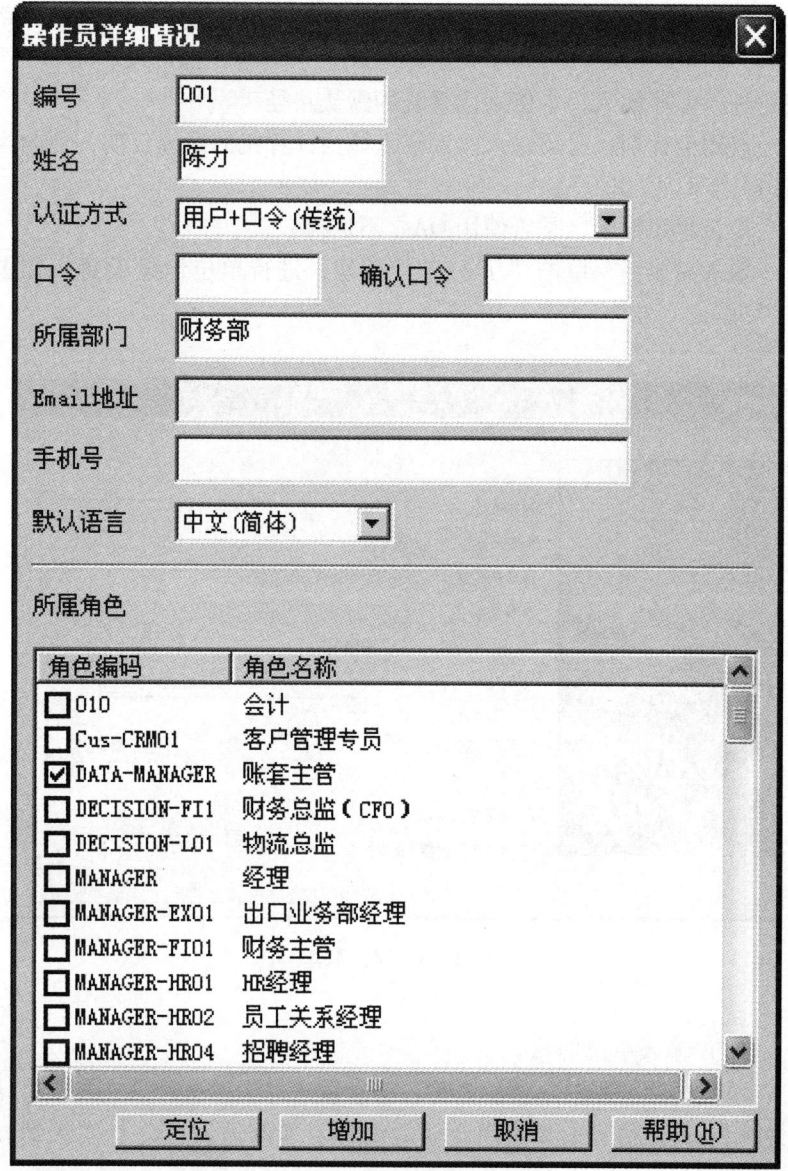

图 2-2 操作员权限管理

4. 建立账套

(1) 创建账套。执行"账套"|"建立"命令,打开"创建账套"对话框。

(2) 输入账套信息。

已存账套:系统中已存在的账套在下拉列表框中显示,用户只能查看,不能输入或修改。

账套号:必须输入。本例输入账套号 008。

账套名称:必须输入。本例输入"北京明天科技有限公司"。

账套路径：用来确定新建账套将要被放置的位置，系统默认的路径为 C：\U8SOFT\Admin，用户可以人工更改，也可以利用"…"按钮进行参照输入，本例采用系统的默认路径。

启用会计期：必须输入。系统默认为计算机的系统日期，更改为"2014 年 8 月"。

是否集团账套，是否使用 OA：不选择。

输入完成后，单击"下一步"按钮，进行单位信息设置。如图 2-3 所示。

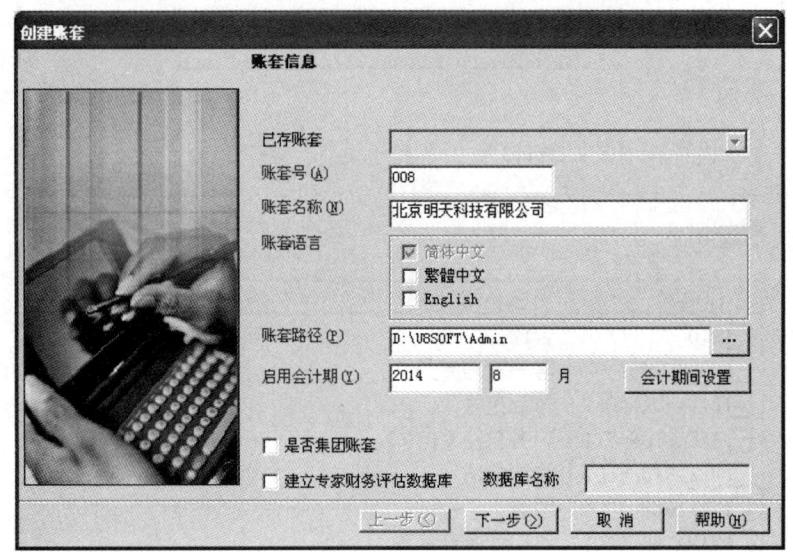

图 2-3 建立账套

(3) 输入单位信息。

单位名称：用户单位的全称，必须输入。企业全称只在发票打印时使用，其余情况全部使用企业的简称。本例输入"北京明天科技有限公司"。

单位简称：用户单位的简称，最好输入。本例输入"明天公司"。

其他栏目都属于任选项，参照实验资料输入即可。

输入完成后，单击"下一步"按钮，进行核算类型设置。

(4) 输入核算类型。

本币代码：必须输入。本例采用系统默认值 RMB。

本币名称：必须输入。本例采用系统默认值"人民币"。

企业类型：用户必须从下拉列表框中选择输入。系统提供了"工业"、"商业"、"医药流通"3 种模式。如果选择工业模式，则系统不能处理受托代销业务；如果选择商业模式，委托代销和受托代销都能处理。本例选择"工业"模式。

行业性质：用户必须从下拉列表框中选择输入，系统按照所选择的行业性质预置科目。本例选择行业性质为"2007年新会计制度科目"。

科目预置语言：中文（简体）。V8.72为多语言版本。

账套主管：必须从下拉列表框中选择输入。本例选择"001 陈力"。

按行业性质预置科目：如果用户希望预置所属行业的标准一级科目，则选中该复选框。本例选择"按行业性质预置科目"。

输入完成后，单击"下一步"按钮，进行基础信息设置。

（5）确定基础信息。如果单位的存货、客户、供应商相对较多，可以对他们进行分类核算。如果此时不能确定是否进行分类核算，也可以在建账完成后，由账套主管在"修改账套"功能中设置分类核算。

按照本例要求，选中"存货是否分类"、"客户是否分类"、"供应商是否分类"、"有无外币核算"4个复选框；单击"完成"按钮，系统提示"可以创建账套了吗？"；单击"是"按钮，稍候，系统打开"编码方案"对话框。

注意：此处创建账套的时间较长，请耐心等待。

（6）确定编码方案。为了便于对经济业务数据进行分级核算、统计和管理，系统要求预先设置某些基础档案的编码规则，即规定各种编码的级次及各级的长度。

按实验资料所给内容修改系统默认值，单击"确定"按钮，再单击"取消"按钮，打开"数据精度"对话框，如图2-4所示。

注意：科目编码级次中第1级、第2级、第3级科目编码长度根据建账时所选行业性质自动确定，此处显示为灰色，不能修改，只能设定第4级之后的科目编码长度。

（7）数据精度定义。数据精度是指定义数据的小数位数，如果需要进行数量核算，需要认真填写该项。本例采用系统默认值，单击"确定"按钮，再单击"取消"按钮，系统弹出"创建账套"系统提示对话框，单击"否"按钮，暂不进行系统启用的设置。系统提示"请进入企业应用平台进行业务操作！"，单击"确定"按钮返回。

（8）退出。单击工具栏上的"退出"按钮，返回系统管理。

注意：编码方案、数据精度、系统启用项目可以由账套主管在"企业应用平台"｜"基础设置"｜"基本信息"中进行修改。

5. 财务分工。

（1）执行"权限"｜"权限"命令，进入"操作员权限"窗口。

（2）选择008账套：2014年度。

（3）从窗口左侧操作员列表中选择"001 陈力"，选中"账套主管"复选框，确定陈力具有账套主管权限，如图2-5所示。

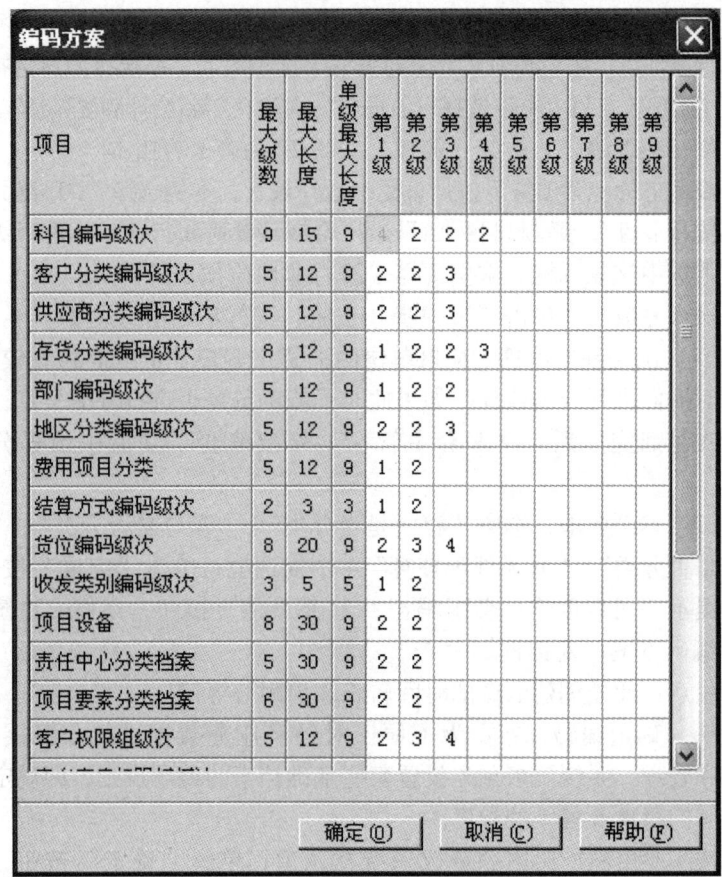

图2-4 科目编码级次

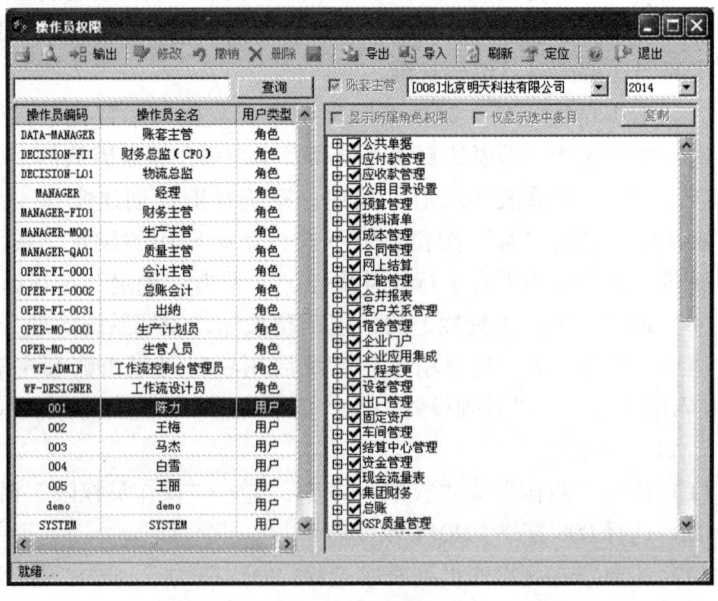

图2-5 设置操作员权限——账套主管

注意：由于在增加用户和建立账套时已设定"陈力"为账套主管，此处无须再设置。如果在建账时未设定陈力为账套主管，可以在此处进行指定。一个账套可以设定多个账套主管。

账套主管自动拥有该账套的所有权限。

（4）选择"王梅"，选择"008"账套。单击工具栏上的"修改"按钮，选中"总账"前的"＋"图标，展开"总账"、"凭证"项目，选中"出纳签字"权限，单击"保存"按钮（见图2-6）。

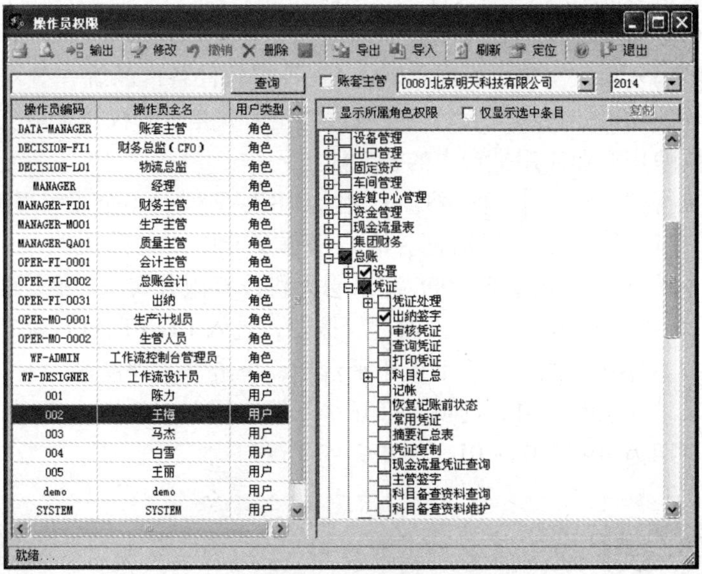

图2-6 设置操作员权限——出纳签字

（5）同理，为用户"马杰"设置"总账"的操作权限。单击工具栏上的"退出"按钮，返回系统管理。

注意：为了保证系统运行安全、有序，适应企业精细管理的要求，权限管理必须向更细、更深的方向发展。用友 ERP-U8 管理软件提供了权限的集中管理功能。除了提供用户对各模块操作权限的管理之外，还相应地提供了金额的权限管理和对于数据的字段级和记录级的控制，不同的组合方式使得权限控制更灵活、更有效。在用友 ERP-U8 管理软件中可以实现以下三个层次的权限管理。

第一，功能级权限管理。功能级权限管理提供了更为细致的功能级权限管理功能，包括各功能模块相关业务的查看和分配权限。例如，赋予用户 SYSTEM 对某账套中总账模块、工资模块的全部功能。

第二，数据级权限管理。该权限可以通过两个方面进行控制：一个是字段级的权限控制，另一个是记录级的权限控制。例如，设定操作员马杰只能录入某一种凭证类别的凭证。

第三，金额级权限管理。该权限主要用于完善内部金额控制，实现对具体金额数量划分级别，对不同岗位和职位的操作员进行金额级别控制，限制他们制单时可以使用的金额数量，不涉及系统内部控制的不在管理范围内。例如，设定操作员马杰只能录入金额在 10 000 元以下的凭证。

功能权限的分配在系统管理中的"权限"｜"权限"中设置，数据级权限和金额级权限在"企业应用平台"｜"系统服务"｜"权限"中进行设置，且必须是在系统管理的功能权限分配之后才能进行。

6. 系统启用与基础设置

（1）登录企业应用平台。企业应用平台是用友 ERP – U8 管理软件的唯一入口，实现了用友 ERP – U8 管理软件各产品统一登录、统一管理的功能。操作员的角色及权限决定了其是否有权登录系统，是否可以使用企业应用平台中的各功能单元。

执行"开始"｜"程序"｜"用友 ERP – U8"｜"企业应用平台"命令，打开"登录"对话框。输入操作员 001 或"陈力"；在"账套"下拉列表框中选择"008 北京明天科技有限公司"；更改操作日期为 2014 – 08 – 01；单击"确定"按钮，进入 UFERP – U8 窗口。

（2）系统启用。在企业应用平台中，单击"基础设置"｜"基本信息"｜"系统启用"选项，打开"系统启用"对话框。启用总账，启用日期为 2014 – 08 – 01，如图 2 – 7 所示。

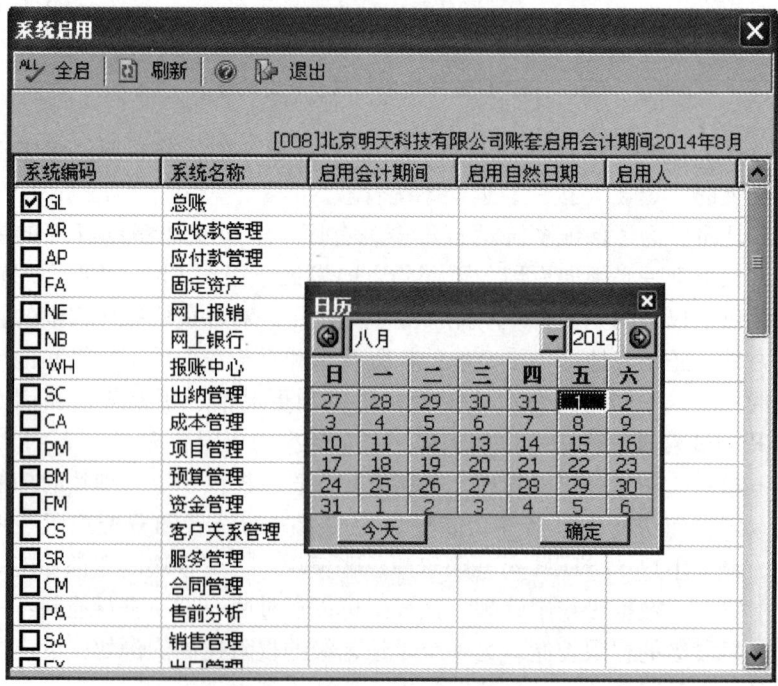

图 2 – 7　启用总账管理系统

（3）进行基础设置。在企业应用平台中，单击"设置"｜"基础档案"选项，展开其中包含的项目，选择要设置的基础档案，即进入相应项目的设置界面。

（4）按所给实验资料依次输入数据。

注意：

◆ 各档案设置时，输入的数据量稍大，操作比较简单，基本上遵循"增加—输入—保存"的操作原则。

◆ 必须先建立客户分类、供应商分类档案，才能建立客户档案、供应商档案；且客户档案、供应商档案必须建立在最末级分类上。

◆ 所有档案建立时，应遵循事先设定的分类编码原则。

◆ 建立客户档案时，银行信息需要在修改状态下录入。

7. 备份账套数据

（1）以系统管理员身份进入系统管理。执行"账套"｜"输出"命令，打开"账套输出"对话框，选择需要输出的账套008，单击"确认"按钮，稍候，系统打开"请选择账套备份路径"对话框。

（2）选择需要将账套数据输出的驱动器及所在目录，单击"确定"按钮。

（3）备份完成后，系统弹出"输出成功"！信息提示对话框，单击"确定"按钮返回。

8. 修改账套数据

如果需要修改建账参数，需要以账套主管的身份注册进入系统管理。

（1）在系统管理窗口中，执行"系统"｜"注册"命令，打开"登录"系统管理对话框。

注意：如果此前是以系统管理员的身份注册进入系统管理，那么需要首先执行"系统"｜"注销"命令，注销当前系统操作员，再以账套主管的身份登录。

（2）在"操作员"文本框中输入001或陈力，选择"008 北京明天科技有限公司"，会计年度为2014。

（3）单击"确定"按钮，进入"系统管理"窗口，菜单中显示为黑色字体的部分为账套主管可以操作的内容。

（4）执行"账套"｜"修改"命令，打开"修改账套"对话框，可修改的账套信息以白色显示，不可修改的账套信息以灰色显示。

（5）修改完成后，单击"完成"按钮，系统提示"确认修改账套了吗？"信息；单击"是"按钮，确定"编码方案"和"数据精度"；单击"确认"按钮，系统提示"修改账套成功！"信息。

（6）单击"确定"按钮，返回系统管理。

注意：账套中的很多参数不能修改，若这些参数错误，则只能删除此账套，再重新建立。因此，建立账套时，参数设置一定要小心。

第三章
总 账 管 理

学习目标
- 了解总账管理系统的主要功能及其与 ERP 其他管理系统间的数据关系
- 熟悉总账管理系统的操作流程
- 掌握总账管理系统中各选项的含义
- 理解总账管理系统初始化的工作内容
- 掌握如何进行总账日常业务处理
- 理解出纳的主要工作内容
- 掌握总账期末处理的主要工作内容
- 掌握在总账中进行各种信息查询的方法

第一节 系统概述

总账管理系统是财务业务一体化管理软件的核心系统，适合于各行各业进行账务核算及管理工作。基于信息化平台的账务处理不仅仅是对手工会计处理方式的简单模拟，而是借助计算机数据运行速度快、海量数据存储和查询方便的特点，从会计科目体系架构、数据分类查询和汇总、精细项目核算等多方面超越了传统会计的局限性，为提升企业管理水平奠定了基础。总账管理系统既可以独立运行，也可同其他系统一起运行。

一、功能概述

总账管理系统的主要功能包括初始设置、凭证管理、出纳管理、账簿管理、辅助核算管理和期末处理等。

（一）初始设置

由用户根据本企业的需要建立账务应用环境，将用友通用账务处理系统变成适合本单位实际需要的专用系统。主要包括选项设置、期初余额录入等。

（二）凭证管理

通过严密的制单控制可保证填制凭证的正确性。提供资金赤字控制、支票控制、预算控制、外币折算误差控制，以及查看最新余额等功能，加强对发生业务的及时管理和控制；完成凭证的录入、审核、记账、查询、打印，以及出纳签字、常用凭证定义等。

（三）出纳管理

为出纳人员提供一个集成办公环境，加强对现金及银行存款的管理。可完成银行日记账、现金日记账，随时得出最新资金日报表、余额调节表，以及进行银行对账。

（四）账簿管理

强大的查询功能是整个系统实现总账、明细账、凭证联查，并可查询包含未记账凭证的最新数据。可随时提供总账、余额表、明细账、日记账等标准账表查询。

（五）辅助核算管理

1. 个人往来核算

主要进行个人借款、还款管理工作，及时地控制个人借款，完成清欠工作。提供个人借款明细账、催款单、余额表、账龄分析报告及自动清理核销已清账等功能。

2. 部门核算

主要为了考核部门费用收支的发生情况，及时地反映控制部门费用的支出，对各部门的收支情况加以比较，便于进行部门考核。

提供各级部门总账、明细账的查询，并对部门收入与费用进行部门收支分析等功能。

3. 项目管理

用于生产成本、在建工程等业务的核算，以项目为中心为使用者提供各项目的成本、费用、收入、往来等汇总与明细情况，以及项目计划执行报告等；也可用于核算科研课题、专项工程、产成品成本、旅游团队、合同、订单等。

4. 往来管理

主要进行客户和供应商往来款项的发生、清欠管理工作,及时掌握往来款项的最新情况。提供往来款的总账、明细账、催款单、往来账清理、账龄分析报告等功能。

(六) 月末处理

灵活的自定义转账功能、各种取数公式可满足各类业务的转账工作。

自动完成月末分摊、计提、对应转账、销售成本、汇兑损益、期间损益结转等业务。进行试算平衡、对账、结账,生成月末工作报告。

二、总账管理系统与其他系统的主要关系

总账管理系统与其他系统的主要关系如图 3-1 所示。

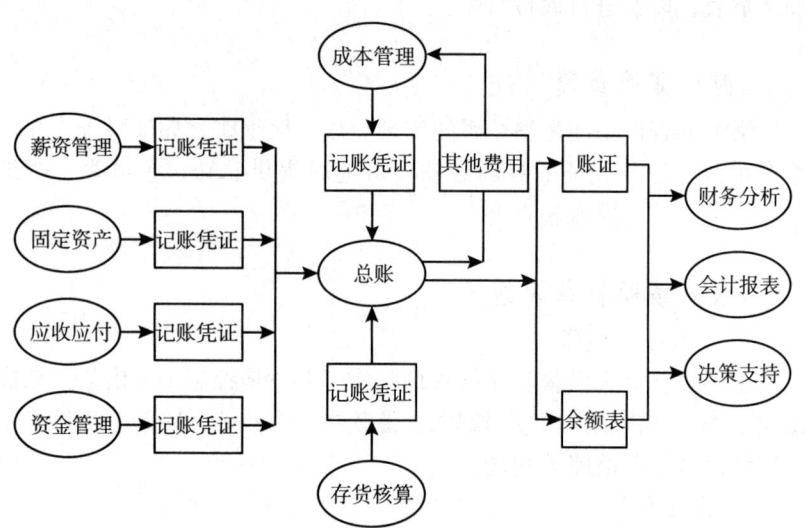

图 3-1 总账管理系统与其他系统的主要关系

三、总账管理系统的业务处理流程

总账管理系统的业务处理流程如图 3-2 所示。

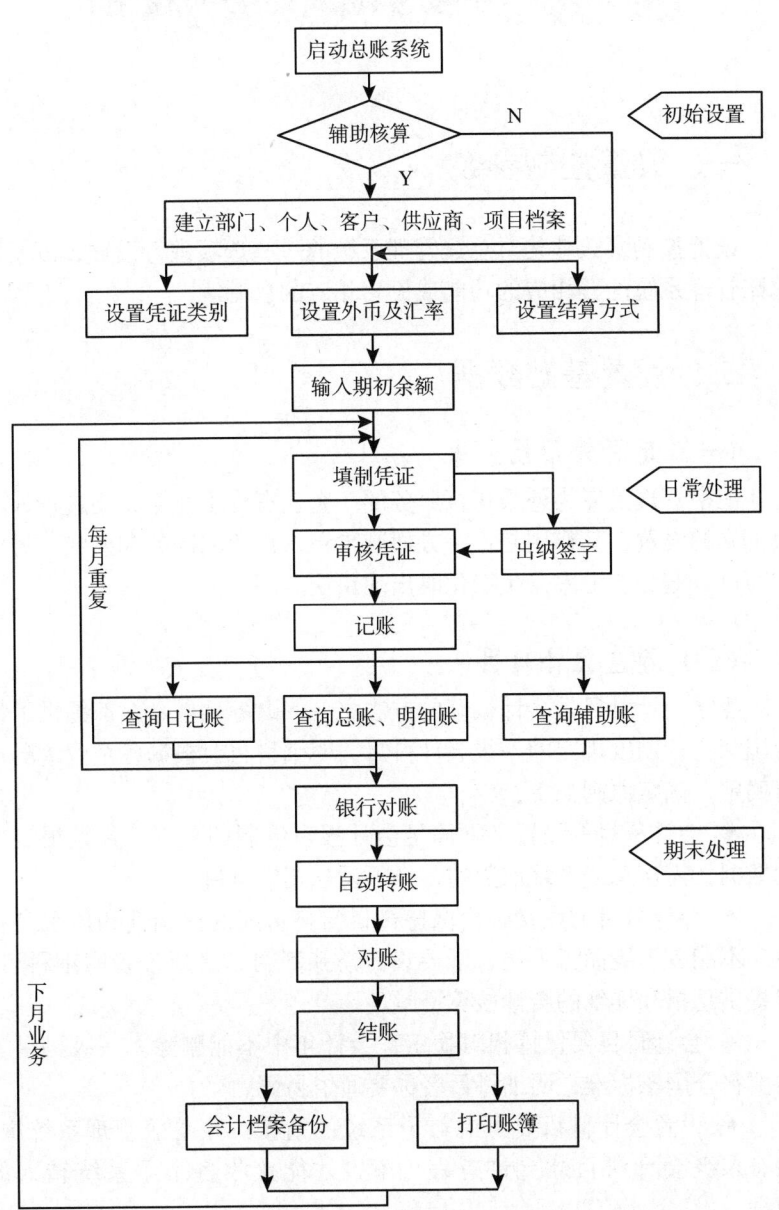

图 3－2 总账管理系统业务处理流程

第二节 总账管理系统初始设置

一、设置控制参数

设置控制参数就是对总账管理系统的一些选项进行设置,以便为总账管理系统配置相应的功能或设置相应的控制。

二、设置基础数据

(一) 定义外币及汇率

汇率管理是专为外币核算服务的。企业有外币业务,要进行外币及汇率的设置,其作用是:一方面减少录入汇率的次数和差错;另一方面可以避免在汇率发生变化时出现错误。

(二) 建立会计科目

建立会计科目是会计核算的方法之一,财务软件一般都提供了符合国家会计制度规定的一级会计科目,明细科目要根据各企业情况自行确定,确定原则如下:

- 会计科目的设置必须满足会计报表编制的要求,凡是报表所用数据,需从总账系统取数的,必须设立相应科目。
- 会计科目的设置必须保持科目与科目间的协调性和体系完整性。不能有下级而无上级,既要设置总账科目,又要设置明细科目,以提供总括和详细的会计核算资料。
- 会计科目要保持相对稳定,会计年中不能删除。一级科目名称要符合国家标准,明细科目名称要通俗易懂。
- 设置会计科目要考虑与子系统的衔接。在总账管理系统中,只有末级会计科目才允许有发生额,才能接收各个子系统转入的数据。

一般来说,为了充分体现计算机管理的优势,在企业原有的会计科目基础上,应对以往的一些科目结构进行优化调整,充分体现用友总账管理系统提供的辅助核算功能,深化强化企业的核算和管理工作。

当企业规模不大、业务较少时,可采用和手工方式一样的科目结构及记账方法,即将往来单位、个人、部门、项目通过设置明细科目来进行核算管理；而对于一个往来业务频繁，清欠、清理工作量大，核算要求严格的企业来说，应该用总账管理系统提供的辅助核算功能进行管理，即将这些明细科目的上级科目设为末级科目及辅助核算科目，并将这些明细科目设为相应的辅助核算目录。一个科目设置了辅助核算后，它所发生的每一笔业务将会登记在总账和辅助明细账上。

例如，未使用辅助核算功能，科目设置如表 3-1 所示。

表 3-1　　　　　　　　未使用辅助核算的科目设置

科目编码	科目名称	科目编码	科目名称
1122	应收账款	5001	生产成本
112201	北京石化公司	500101	甲产品
112202	天津销售分公司	50010101	直接材料
……		50010102	直接人工
1221	其他应收款	……	
122101	差旅费应收款	500102	乙产品
12210101	王坚	50010201	直接材料
12210102	李默	50010202	直接人工
122102	私人借款	……	
12210201	王坚	6602	管理费用
12210202	李默	660201	办公费
……		66020101	A 部门
1604	在建工程	66020102	B 部门
160401	设备安装工程	660202	差旅费
16040101	A 部门	66020201	A 部门
16040102	B 部门	66020202	B 部门
……		……	

启用总账管理系统的辅助核算功能进行核算时，可将科目设置成如表 3-2 所示。

表 3-2　　　　　　　　使用辅助核算的科目设置

科目编码	科目名称	辅助核算
1122	应收账款	客户往来
1221	其他应收款	
122101	差旅费应收款	个人往来
122102	私人借款	个人往来
1604	在建工程	部门项目
5001	生产成本	
500101	直接材料	项目核算

续表

科目编码	科目名称	辅助核算
500102	直接人工	项目核算
6602	管理费用	
660201	办公费	部门核算
660202	差旅费	部门核算

（三）设置辅助核算档案

设置了科目的辅助核算属性还不够，还应将从科目中去掉的明细科目设置为辅助核算的目录。部门档案、职员档案在实验一中已涉及，下面主要说明项目核算的意义及设置方法。

一个单位项目核算的种类可能多种多样，例如，在建工程、对外投资、技术改造、融资成本、在产品成本、课题、合同订单等，为此应允许企业定义多个种类的项目核算。可以将具有相同特性的一类项目定义成一个项目大类，一个项目大类可以核算多个项目。为了便于管理，还可以对这些项目进行分类管理。可以按以下步骤定义项目：

（1）设置科目辅助核算：在会计科目设置功能中先设置相关的项目核算科目，如对生产成本及其下级科目设置项目核算的辅助账类。

（2）定义项目大类：即定义项目核算的分类类别，如增加生产成本项目大类。

（3）指定核算科目：即具体指定需按此类项目核算的科目。一个项目大类可以指定多个科目，一个科目只能指定一个项目大类，如将直接材料、直接人工和制造费用指定为按生产成本项目大类核算的科目。

（4）定义项目分类：为了便于统计，可将同一个项目大类下的项目进一步划分，如将生产成本项目大类进一步划分为自行开发项目和委托开发项目。

（5）定义项目目录：是将各个项目大类中的具体项目输入系统。

（四）设置凭证类别

系统提供了五种常用分类方式供企业选择。对选择的凭证分类可以在制单时设置对科目的限制条件，系统有以下五种限制类型供选择。

（1）借方必有：制单时，此类凭证借方至少有一个限制科目有发生。

（2）贷方必有：制单时，此类凭证贷方至少有一个限制科目有发生。

（3）凭证必有：制单时，此类凭证无论借方还是贷方至少有一个限制科目有发生。

（4）凭证必无：制单时，此类凭证无论借方还是贷方不可有一个限制科目有发生。

（5）无限制：制单时，此类凭证可使用所有合法的科目。

限制科目由用户输入，可以是任意级次的科目，科目之间用逗号分隔，数量不限，也可参照输入，但不能重复录入。若限制科目为非末级科目，则在制单时，其所有下级科目都将受到同样的限制。

（五）设置结算方式

该功能用来建立和管理企业在经营活动中所涉及的结算方式。它与财务结算方式一致，如现金结算、支票结算等。

（六）定义常用凭证及常用摘要

企业发生的会计业务都有其规范性，因而在日常填制凭证的过程中，经常会有许多摘要、凭证完全相同或部分相同，如果将这些常用的摘要、凭证存储起来，在填制会计凭证时可随时调用，将大大提高业务处理效率。

（七）设置明细权限

在需要对操作员的操作权限做进一步细化时，如希望制单权限控制到科目、凭证审核权控制到操作员、明细账查询控制到科目等，首先应该设置系统参数时，将上述选项做选中标志，再到"明细权限"功能中进行设置。

三、输入期初余额

在开始使用总账管理系统时，应将经过整理的手工账目的期初余额录入计算机。假如企业是在年初建账，则期初余额就是年初数；假如企业是在年中建账，则应先将各账户此时的余额和年初到此时的借贷方累计发生额计算清楚。例如，某企业2013年4月开始启用总账管理系统，那么应将该企业2013年3月末各科目的期初余额及1~3月末累计发生额计算出来，准备作为启用系统的期初数据录入到总账管理系统中，系统将自动计算年初余额。若科目有辅助核算，还应整理各辅助项目的期初余额，以便在期初余额中录入。

期初余额的录入分两部分：总账期初余额录入和辅助账期初余额录入。

第三节 总账管理系统日常业务处理

初始化设置完成后,就可以进行日常账务处理了。日常业务包括凭证管理、出纳管理、账簿管理等。

一、凭证管理

记账凭证是登记账簿的依据,是总账管理系统的唯一数据源,因此凭证管理是总账管理最为核心的内容。凭证管理的内容包括填制凭证、凭证审核、凭证汇总、凭证记账以及修改凭证、作废凭证、冲销凭证、凭证查询、凭证汇总等功能。

(一) 填制凭证

在实际工作中,可以直接在计算机上根据审核无误准予报销的原始凭证填制记账凭证(即前台处理),也可以先由人工制单而后集中输入(即后台处理),企业采用哪种方式应根据本单位实际情况。一般来说,业务量不多或基础较好或使用网络版的企业可采取前台处理方式;而在第一年使用,或在人机并行阶段,则比较适合采用后台处理方式。

1. 增加凭证

填制凭证记账凭证一般包括两部分:一是凭证头部分;二是凭证正文部分。如果输入的会计科目有辅助核算要求,则应输入辅助核算内容;如果一个科目同时兼有多种辅助核算,则同时要求输入各种辅助核算的有关内容。

凭证头部分的内容如下:

• 凭证类别:可以输入凭证类别字,也可以参照输入。如果在设置凭证类别时设置了凭证的限制类型,那么必须符合限制类型的要求,否则系统会给出错误提示。

• 凭证编号:一般情况下,由系统分类按月自动编制,即每类凭证每月都从 0001 号开始。对于网络用户,如果是几个人同时制单,在凭证的左上角,系统先提示一个参考证号,真正的凭证编号只有在凭证保存时才给出;如果只有一个人制单或使用单用户版制单,凭证左上角的凭证号即是正在填制的凭证编号。系统同时也自动管理凭证页号,系统规定每页凭证 5 条记录,当某号凭证不止一页时,系统自动在凭证号后标上分单号,例如,"收 - 0005 号 0002/0003"表示收款凭证第 0005 号凭证共有 3 张分单，当前光标所在分录在第 2 张分单上。如果在启用账套时设置凭证的编号方式为"手工编号"，则用户可在此处手工录入凭证编号。

- 制单日期：即填制凭证的日期。系统自动取进入账务系统前输入的业务日期为记账凭证的填制日期，如果日期不对，可进行修改或参照录入。
- 附单据数：记账凭证打印出来后，应将相应的原始凭证附在其后，这里的附单据数就是指将来该记账凭证所附的原始单据数。
- 凭证自定义项：由用户自定义的凭证补充信息。用户根据需要自行定义和输入，系统对这些信息不进行校验，只进行保存。

凭证正文部分的内容如下：

- 摘要：输入本笔分录的业务说明，要求简洁明了，不能为空。
- 科目：必须输入末级科目。科目可以输入科目编码、中文科目名称、英文科目名称或助记码。
- 辅助信息：对于要进行辅助核算的科目，系统提示输入相应的辅助核算信息。辅助核算信息包括客户往来、供应商往来、个人往来、部门核算、项目核算。如果需要对输入的辅助项进行修改，可双击所要修改的项，系统显示辅助信息录入窗，可进行修改。
- 金额：即该笔分录的借方或贷方本位币发生额，金额不能为零，但可以是红字，红字金额以负数形式输入。

如果使用了应收管理系统来管理所有客户往来业务，那么所有与客户发生的业务，都应在应收管理系统中生成相应的凭证，而不能在"填制凭证"功能中制单。如果使用了应付管理系统来管理所有供应商往来业务，那么所有与供应商发生的业务，都应在应付款管理系统中生成相应的凭证。

2. 生成和调用常用凭证

可以将某张凭证作为常用凭证存入常用凭证库中，以后可按所存代号调用这张常用凭证。在填制一张与"常用凭证"相类似或完全相同的凭证时，可调用此常用凭证，这样会加快凭证的录入速度。

3. 修改凭证

在填制凭证中，通过翻页查找或输入查询条件，找到要修改的凭证，将光标移到需修改的地方进行修改即可。可修改的内容包括摘要、科目、辅助项、金额及方向、增删分录等。外部系统传过来的凭证不能在总账管理系统中进行修改，只能在生成该凭证的系统中进行修改。

4. 作废/恢复凭证

当某张凭证不想要或出现不便修改的错误时，可将其作废。
作废凭证的操作方法是：打开填制凭证之后，找到要作废的凭

证，执行"制单"|"作废/恢复"命令，凭证上显示作废"字样"，表示已将该凭证作废，作废凭证仍保留凭证内容及凭证编号。

若当前凭证已作废，还可以执行"制单"|"作废/恢复"命令，取消作废标志，并将当前凭证恢复为有效凭证。

5. 整理凭证

凭证整理就是删除所有作废凭证，并对未记账凭证重新编号。若本月已有凭证记账，那么本月最后一张已记账凭证之前的凭证将不能作凭证整理，只能对其后面的未记账凭证作凭证整理。若想作凭证整理应先利用"恢复记账前状态"功能恢复本月月初的记账前状态，再作凭证整理。

6. 制作红字冲销凭证

对于已经记账的凭证，发现有错误，可以制作一张红字冲销凭证。执行"制单"|"冲销凭证"命令，制作红字冲销凭证。通过红字冲销法增加的凭证，应视同正常的凭证进行保存管理。

7. 查看凭证有关信息

总账管理系统的填制凭证功能不仅是各账簿数据的输入口，同时也提供了强大的信息查询功能。通过"填制凭证"|"查询"功能，可以查询符合条件的凭证信息；通过"查看"菜单可以查看当前科目最新余额、外部系统制单信息、联查明细账等。

(二) 凭证审核

为确保登记到账簿的每一笔经济业务的准确性和可靠性，制单员填制的每一张凭证都必须经过审核员的审核。审核凭证主要包括出纳签字、主管签字和审核凭证三方面的工作。根据会计制度规定，审核和制单不能为同一人。

（1）出纳签字。出纳凭证由于涉及企业现金的收入与支出，应加强对出纳凭证的管理。出纳人员可通过出纳签字功能对制单员填制的带有现金以及银行科目的凭证进行检查核对，主要核对出纳凭证的出纳科目的金额是否正确。审查认为错误或有异议的凭证，应交与填制人员修改后再核对。

出纳签字应先更换操作员，由具有签字权限的出纳人员来进行。对于出纳凭证，可以单个签字，也可以成批签字。

（2）主管签字为了加强对会计人员制单的管理，系统提供"主管签字"功能供用户选择，选择该功能，会计人员填制的凭证必须经主管签字才能记账。

（3）审核凭证。审核凭证是审核员按照财会制度，对制单员填制的记账凭证进行检查核对，主要审核记账凭证是否与原始凭证相符，会计分录是否正确等。审查人为错误或有异议的凭证，交与填制人员修改后再审核,只有具有审核权的人才能进行审核操作。

凭证审核同出纳签字一样须要重新注册更换操作员,由具有审核权限的操作员来进行。凭证既可逐张审核,也可成批审核。

(三) 凭证汇总

凭证汇总是按条件对记账凭证进行汇总并生成一张凭证汇总表。进行汇总的凭证可以是已记账凭证,也可以是未记账凭证,因此财务人员可在凭证未全部记账前,随时查看企业目前的经营状况及其他财务信息。

(四) 凭证记账

记账凭证经审核签字后,即可用来登记总账、明细账、日记账、部门账、往来账、项目账以及备查账等。记账一般采用向导方式,使记账过程更加明确;记账工作由计算机自动进行数据处理,不用人工干预。

二、出纳管理

出纳管理是总账管理系统为出纳人员提供的一套管理工具,包括出纳签字、现金和银行存款日记账的输出、支票登记簿的管理,以及银行对账功能,并可对银行长期未达账提供审计报告。

(一) 出纳签字

前面介绍审核凭证功能时,已介绍过出纳签字功能。

(二) 日记账及资金日报表

日记账是指现金和银行存款日记账。日记账由计算机登记,日记账的作用只是用于输出。只要建立会计科目时在"日记账"选项上做上"√"标志,即表明该科目要登记日记账。

1. 现金日记账

欲查询现金日记账,必须执行"设置"│"会计科目"│"指定科目"命令,预先指定现金科目。

2. 银行存款日记账

欲查询银行存款日记账,银行存款科目必须执行"设置"│"会计科目"│"指定科目"命令,预先指定银行存款科目。银行日记账的查询与现金日记账的查询基本相同,所不同的只是银行日记账设置有"结算号"栏,它主要是对账用的。

3. 资金日报表

资金日报表是反映现金、银行存款日发生额及余额情况的报表。

手工方式下，资金日报表由出纳员逐日填写，反映当天营业终止时现金、银行存款的收支情况及余额；电算化方式下，资金日报表主要用于查询、输出或打印资金日报表，提供当日借、贷金额合计和余额，以及发生的业务量等信息。

（三）支票登记簿

在手工记账时出纳员通常利用支票领用登记簿用来登记支票领用情况，为此总账管理系统特为出纳员提供了"支票登记簿"功能，以供其详细登记支票领用人、领用日期、支票用途、是否报销等情况。

使用支票登记簿要注意以下几点：

- 只有在会计科目中设置了银行账辅助核算的科目才能使用支票登记簿。
- 只有在结算方式设置中选择票据控制，才能选择登记银行科目。
- 领用支票时，出纳员须使用"支票登记"功能据实登记领用日期、领用部门、领用人、支票号、备注等。
- 支票支出后，经办人持原始单据（发票）报销，会计人员据此填制记账凭证，在录入该凭证时，系统要求录入该支票的结算方式和支票号；填制完成该凭证后，系统自动在支票登记簿中将该号支票写上报销日期，该号支票即为已报销。对报销的支票，系统用不同的颜色区分。
- 支票登记簿中的"报销日期"栏，一般是由系统自动填写的，但对于有些已报销而由于人为原因造成系统未能自动填写报销日期的支票，可进行手工填写。
- 已报销的支票不能进行修改。可以取消报销标志，再进行修改。
- 在实际应用中，如果要求领用人亲笔签字等，最好不使用支票登记簿，这会增加输入的工作量。

（四）银行对账

银行对账是出纳管理的一项很重要的工作。此项工作通常是在期末进行，因此银行对账的功能在以后章节详细介绍。

三、账簿管理

企业发生的经济业务，经过制单、审核、记账等程序后，就形成了正式的会计账簿，除了前面介绍的现金和银行存款的查询和输出外，账簿管理还包括基本会计核算账簿的查询输出，以及各种辅助账的查询和输出。

(一) 基本会计核算账簿管理

基本会计核算账簿管理包括总账、余额表、明细账、序时账、多栏账的查询及打印。

1. 总账的查询及打印

总账查询不但可以查询各总账科目的年初余额、各月发生额合计和月末余额，而且还可查询所有 2~6 级明细科目的年初余额、各月发生额合计和月末余额。

2. 余额表的查询及打印

发生额及余额表用于查询统计各级科目的本月发生额、累计发生额和余额等。可输出某月或某几个月的所有总账科目的期初余额、本期发生额、累计发生额、期末余额。因此建议利用"发生额及余额表"代替总账。

3. 明细账的查询及打印

明细账查询用于平时查询各账户的明细发生情况，以及按任意条件组合查询明细账。在查询过程中可以包含未记账凭证。

4. 序时账的查询及打印

序时账实际就是以流水账的形式反映单位的经济业务，查询打印比较简单，此处不做详述。

5. 多栏账的查询及打印

本功能用于查询多栏明细账。在查询多栏账之前，必须先定义查询格式。进行多栏账栏目定义有两种定义方式：自动编制栏目、手动编制栏目。一般先进行自动编制，再进行手动调整，可提高录入效率。

(二) 各种辅助核算账簿管理

辅助核算账簿管理包括个人往来、部门核算、项目核算账簿的总账、明细账查询输出，以及部门收支分析和项目统计表的查询输出。当供应商往来和客户往来采用总账系统核算时，其核算账簿的管理在总账系统中进行；否则，应在应收款、应付款管理系统中进行。

(三) 现金流量表的查询

可以查询到现金流量明细表和现金流量统计表。现金流量明细表可以按月份查询，也可以按日期查询，还可以按现金流量项目查询。现金流量统计表针对现金流量项目分类进行查询，可以按月份查询，也可以按日期查询。

第四节 总账管理系统期末处理

期末处理主要包括银行对账、自动转账、对账、月末处理及年末处理。与日常业务相比,数量不多,但业务种类繁杂且时间紧迫。在计算机环境下,由于各会计期间的许多期末业务具有较强的规律性,且方法很少改变,如费用计提、分摊的方法等,由计算机来处理这些有规律的业务,不但可以减少会计人员的工作量,也可以加强财务核算的规范性。

一、银行对账

(一) 输入银行对账期初数据

通常许多企业在使用总账管理系统时,先不使用银行对账模块。例如,某企业2013年1月开始使用总账管理系统,而银行对账功能是在5月开始使用,那么银行对账则应该有一个启用日期(启用日期应为使用银行对账功能前最后一次手工对账的截止日期),并在此录入最后一次对账企业方与银行方的调整前余额,以及启用日期之前的单位日记账和银行对账单的未达项。

(二) 输入银行对账单

要实现计算机自动对账,在每月月末对账前,须将银行开出的银行对账单输入计算机。本功能用于平时录入银行对账单。在指定账户(银行科目)后,可录入本账户下的银行对账单,以便于与企业银行存款日记账进行对账。

(三) 银行对账

银行对账采用自动对账与手工对账相结合的方式。

自动对账即由计算机根据对账依据将银行日记账未达账项与银行对账单进行自动核对、勾销。对账依据通常是"结算方式+结算号+方向+金额"或"方向+金额"。对于已核对上的银行业务,系统将自动在银行存款日记账和银行对账单双方写上两清标志,并视为已达账项,否则,视其为未达账项。由于自动对账是以银行存款日记账和银行对账单双方对账依据完全相同为条件,所以为了保证自动对账的正确和彻底,必须保证对账数据的规范合理。

手工对账是自动对账的补充。采用自动对账后，可能还有一些特殊的已达账没有对出来，而被视为未达账项，为了保证对账更彻底正确，可通过手工对账进行调整勾销。

下面 4 种情况中，只有第 1 种情况能自动核销已对账的记录，后 3 种情况均需通过手工对账来强制核销。

- 对账单文件中一条记录和银行日记账未达账项文件中的一条记录完全相同
- 对账单文件中一条记录和银行日记账未达账项文件中的多条记录完全相同
- 对账单文件中多条记录和银行日记账未达账项文件中的一条记录完全相同
- 对账单文件中多条记录和银行日记账未达账项文件中的多条记录完全相同

（四）余额调节表的查询输出

在银行对账进行两清勾对后，计算机自动整理汇总未达账和已达账，生成"银行存款余额调节表"，以检查对账是否正确。该余额调节表为截止到对账截止日期的余额调节表，若无对账截止日期，则为最新余额调节表。如果余额调节表显示账面余额不平，应查"银行期初录入"中的相关项目是否平衡，"银行对账单"录入是否正确，"银行对账"中勾对是否正确、对账是否平衡，如不正确进行调整。

（五）对账结果查询

对账结果查询，主要用于查询单位日记账和银行对账单的对账结果。对余额调节表的补充，可进一步了解对账后账单上勾对的明细情况（包括已达项和未达项），从而进一步查询对账结果。检查无误后，可通过核销银行对账来核销已达项。

银行对账不平时，不能使用核销功能，核销不影响银行日记账的查询和打印。核销错误可进行反核销。

二、自动转账

转账分为外部转账和内部转账。外部转账是指将其他专项核算子系统生成的凭证转入总账管理系统中；内部转账是指在总账管理系统内部，把某个或某几个会计科目的余额或本期发生额结转到一个或多个会计科目中。

实现自动转账包括转账定义和转账生成两部分。

（一）转账定义

转账定义主要包括自定义转账、对应结转、销售成本结转、汇兑损益结转、期间损益结转。

1. 自定义转账设置

自定义转账功能可以完成的转账业务主要有：
- "费用分摊"的结转，如工资分配。
- "费用分摊"的结转，如制造费用等。
- "税金计算"的结转，如增值税等。
- "提取各项费用"的结转，如提取福利费等。
- 各项辅助核算的结转。

如果使用应收款、应付款管理系统，则在总账管理系统中，不能按客户、供应商辅助项进行结转，只能按科目总数进行结转。

2. 对应结转设置

对应结转不仅可进行两个科目的一对一结转，还提供科目的一对多结转功能。对应结转的科目可为上级科目，但其下级科目的科目结构必须一致（相同明细科目），如有辅助核算，则两个科目的辅助账类也必须一一对应。

本功能只结转期末余额，若是结转发生额，需在自定义结转中设置。

3. 销售成本结转设置

销售成本结转设置主要用来辅助没有启用供应链管理系统的企业完成销售成本的计算和结转。分两种方法：全月平均法和销售（计划价）法。

4. 汇兑损益结转设置

本功能用于期末自动计算外币账户的汇兑损益，并在转账生成中自动生成汇兑损益转账凭证。汇兑损益只处理外汇存款账户、外币现金账户、外币结算的各项债券和债务，不包括所有者权益类账户、成本类账户和损益类账户。

为了保证汇兑损益计算正确，填制某月的汇兑损益凭证时，账户必须先将本月的所有未记账凭证先记账。

汇兑损益入账科目不能是辅助账科目或有数量外币核算的科目。

若启用了应收款、应付款管理系统，则计算汇兑损益的外币科目不能是带客户或供应商往来核算的科目。

5. 期间损益结转设置

本功能用于在一个会计期间终止时，将损益类科目的余额结转到本年利润科目中，从而及时反映企业利润的盈亏情况。期间损益结转主要是管理费用、销售费用、财务费用、销售收入、营业外收支等科目的结转。

损益科目结转中将列出所有的损益科目。如果希望某损益类科目参与期间损益的结转,则应在该科目所在行的本年利润科目栏填写本年利润科目代码;若为空,则将不结转此损益科目的余额。

损益科目的期末余额将结转到该行的本年利润科目中去。

若损益科目与本年利润科目都有辅助核算,则辅助账类必须相同。

损益科目结转表中的本年利润科目必须为末级科目,且为本年利润入账科目的下级科目。

(二) 生成转账凭证

定义完转账凭证后,每月月末只需执行本功能即可由计算机快速生成转账凭证,在此生成的转账凭证将自动追加到未记账凭证中去,通过审核、记账后才能真正完成结转工作。

由于结转凭证中定义的公式基本上取自账簿,因此,在进行月末结转之前,必须将所有未记账凭证全部记账,否则,生成的转账凭证中的数据可能不准确。特别是对于一组相关转账分录,必须按顺序依次进行转账生成、审核、记账。

如果启用了应收款、应付款管理系统,则在总账管理系统中不能按客户、供应商进行结转。

根据需要,选择生成结转方式、结转月份及需要结转的转账凭证,系统在进行结转计算后显示将要生成的凭证,确认无误后,将生成的凭证追加到未记账凭证中。

结转月份为当前会计月,且每月只结转一次。在生成结转凭证时,要注意操作日期,一般在月末进行。

若转账科目有辅助核算,但未定义具体的转账辅助项,则可以选择"按所有辅助项结转"还是"按有发生的辅助项结转"。

- 按所有辅助项结转:转账科目的每一个辅助项生成一笔分录。
- 按有发生的辅助项结转:按转账科目下每一个有发生的辅助项生成一笔分录。

三、对账

对账是对账簿数据进行核对,以检查记账是否正确,以及账簿是否平衡,它主要是通过核对总账与明细账、总账与辅助账数据来完成账账核对。

试算平衡就是将系统中设置的所有科目的期末余额按会计平衡公式"借方余额=贷方余额"进行平衡检验,并输出科目余额表及是否平衡的信息。

一般来说,实行计算机记账后,只要记账凭证录入正确,计算机自动记账后各种账簿都应是正确、平衡的，但由于非法操作或计算机病毒或其他原因有时可能会造成某些数据被破坏，因而引起账账不符。为了保证账证相符、账账相符，应经常使用本功能进行对账，至少一个月一次，一般可在月末结账前进行。

如果使用了应收款、应付款管理系统，则在总账管理系统中不能对往来客户账、供应商往来账进行对账。

当对账出现错误或记账有误时，系统允许"恢复记账前状态"，进行检查、修改，直到对账正确。

四、结账

每月月底都要进行结账处理，结账实际上就是计算和结转各账簿的本期发生额和期末余额，并终止本期的账务处理工作。

在电算化方式下，结账工作与手工相比简单多了，结账是一种成批数据处理，每月只结账一次，主要是对当月日常处理限制和对下月账簿的初始化，由计算机自动完成。

在结账之前要进行下列检查。

（1）检查本月业务是否全部记账，有未记账凭证不能结账。

（2）月末结转必须全部生成并记账，否则本月不能结账。

（3）检查上月是否已结账，上月未结账，则本月不能记账。

（4）核对总账与明细账、主体账与辅助账、总账管理系统与其他子系统数据是否已一致，不一致不能结账。

（5）损益类账户是否全部结转完毕，否则本月不能结账。

（6）若与其他子系统联合使用，其他子系统是否已结账；若没有，则本月不能结账。结账前要进行数据备份，结账后不得再录入本月凭证，并终止各账户的记账工作；计算本月各账户发生额合计和本月账户期末余额，并将余额结转下月月初。

如果结账以后发现结账错误，可以进行"反结账"，取消结账标志，然后进行修正，再进行结账工作。

实验二　总账管理系统初始设置

【实验目的】

（1）掌握用友 ERP–U8 管理系统中总账管理系统初始设置的相关内容。

（2）理解总账管理系统初始设置的意义。

（3）掌握总账管理系统初始设置的操作方法。

【实验内容】

（1）总账管理系统控制参数设置。

（2）基础档案设置：会计科目、凭证类别、外币及汇率、结算方式、辅助核算档案等。

（3）期初余额录入。

【实验准备】

引入"实验一"账套数据。其操作步骤如下：

（1）以系统管理员的身份注册进入系统管理，执行"账套"｜"引入"命令，打开"请选择账套引备份文件"对话框。

（2）选择"实验一"账套数据所在的磁盘驱动器，列表框中显示该磁盘驱动器包含的全部文件夹，依次双击存放账套数据备份的文件夹，找到文件 UfErpAct.Lst；单击"确定"按钮，系统提示用户确认账套引入的目录；单击"确定"按钮，打开"请选择账套引入的目录"对话框；用户可以选择账套引入的具体路径，单击"确定"按钮，如果系统已存在该账套号账套，系统会再次提示要求用户确认是否覆盖已存在的信息单击"是"按钮，覆盖信息；否则单击"否"按钮，不覆盖信息。

【实验资料】

1. 总账控制参数

选项卡	参数设置
凭证	制单序时控制 支票控制 赤字控制：资金及往来科目　赤字控制方式：提示 可以使用应收、应付、存货受控科目 取消"现金流量科目必录现金流量项目"选项 凭证编号方式采用系统编号
账簿	账簿打印位数每页打印行数按软件默认的标准设定 明细账打印按年排页
凭证打印	打印凭证页脚姓名
预算控制	超出预算允许保存
权限	出纳凭证必须经出纳签字 允许修改、作废他人填制的凭证 可查询他人凭证
会计日历	会计日历为1月1日~12月31日 数量小数位和单价小数位设为2位
其他	外币核算采用固定汇率 部门、个人、项目按编码方式排序

2. 基础数据

(1) 外币及汇率。币符：$；币名：美元；固定汇率1:6.25（此汇率只供演示使用）。

(2) 2014年8月会计科目及期初余额表。

科目名称	辅助核算	方向	币别/计量	累计借方发生额	累计贷方发生额	期初余额
库存现金（1001）	日记	借		18 889.65	18 860.65	6 875.70
银行存款（1002）	银行日记	借		469 251.88	578 290.60	511 057.16
工行存款（100201）	银行日记	借		469 251.88	578 290.60	511 057.16
中行存款（100202）	银行日记	借	美元			
应收账款（1122）	客户往来	借		60 000.00	20 000.00	157 600.00
预付账款（1123）		借				
预付单位款（112301）	供应商往来	借				
报刊费（112302）		借				642.00
其他应收款（1221）		借		4 200.00	5 410.27	3 800.00
应收单位款（122101）	客户往来	借				
应收个人款（122102）	个人往来	借		4 200.00	5 410.27	3 800.00
坏账准备（1231）		贷		3 000.00	6 000.00	10 000.00
材料采购（1401）		借			80 000.00	−80 000.00
原材料（1403）		借		293 180.00		1 004 000.00
生产用原材料（140301）	数量核算	借	吨	293 180.00		1 004 000.00
材料成本差异（1404）		借		2 410.27		1 000.00
库存商品（1405）		借		140 142.54	90 000.00	2 554 000.00
委托加工物资（1408）		借				
固定资产（1601）		借				260 860.00
累计折旧（1602）		贷			39 511.89	47 120.91
在建工程（1604）		借				
人工费（160401）	项目核算	借				
材料费（160402）	项目核算	借				
其他（160403）	项目核算	借				
待处理财产损溢（1901）						
待处理流动资产损溢（190101）						
待处理固定资产损溢（190102）						
无形资产（1701）		借			58 500.00	58 500.00
短期借款（2201）		贷			200 000.00	200 000.00
应付账款（2202）	供应商往来	贷		150 557.26	60 000.00	276 850.00
预收账款（2203）	客户往来	贷				
应付职工薪酬（2211）		贷			3 400.00	8 200.00

续表

科目名称	辅助核算	方向	币别/计量	累计借方发生额	累计贷方发生额	期初余额
应付工资（221101）		贷			3 400.00	8 200.00
应付福利费（221102）		贷				
工会经费（221103）		贷				
职工教育经费（221104）		贷				
应交税费（2221）		贷		36 781.37	15 581.37	-16 800.00
应交增值税（222101）		贷		36 781.37	15 581.37	-16 800.00
进项税额（22210101）		贷		36 781.37		-33 800.00
销项税额（22210105）		贷			15 581.73	17 000.00
其他应付款（2241）		贷			2 100.00	2 100.00
实收资本（4001）		贷				2 609 052.00
本年利润（4103）		贷				1 478 000.00
利润分配（4104）		贷		13 172.74	9 330.35	-119 022.31
未分配利润（410415）		贷		13 172.74	9 330.35	-119 022.31
生产成本（5001）	项目核算	借				17 165.74
直接材料（500101）	项目核算	借				10 000.00
直接人工（500102）	项目核算	借				4 000.74
制造费用（500103）	项目核算	借				2 000.00
折旧费用（500104）	项目核算	借				1 165.00
其他（500105）	项目核算	借				
制造费用（5101）		借				
工资（510101）		借				
折旧费（510102）		借				
主营业务收入（6001）		借				
其他业务收入（6051）		借				
主营业务成本（6401）		借				
营业税金及附加（6403）		借				
其他业务成本（6402）		借				
销售费用（6601）		借				
管理费用（6602）		借				
薪资（660201）	部门核算	借				
福利费（660202）	部门核算	借				
办公费（660203）	部门核算	借				
差旅费（660204）	部门核算	借				
招待费（660205）	部门核算	借				
折旧费（660206）	部门核算	借				
其他（660207）	部门核算	借				
财务费用（6603）		借				
利息支出（660301）		借				

说明：
◆ 将"库存现金（1001）"科目指定为现金总账科目。
◆ 将"银行存款（1002）"科目指定为银行总账科目。
◆ 将"库存现金（1001）"、"工行存款（100201）"、"中行存款（100202）"指定为现金流量科目。

（3）凭证类别。

凭证类别	限制类别	限制科目
收款凭证	借方必有	1001，1002
付款凭证	贷方必有	1001，1002
转账凭证	凭证必无	1001，1002

（4）结算方式。

结算方式编码	结算方式名称	票据管理
1	现金结算	否
2	支票结算	否
201	现金支票	是
202	转账支票	是
9	其他	否

（5）项目目录。

项目设置步骤	设置内容
项目大类	生产成本
核算科目	生产成本（5001） 　直接材料（500101） 　直接人工（500102） 　制造费用（500103） 　折旧费用（500104） 　其他（500105）
项目分类	1. 自行开发项目 2. 委托开发项目
项目名称	普通打印纸-A4 所属分类码：1 凭证套打纸-8x 所属分类码：2

（6）数据权限分配。操作员"白雪"只具有采购部的查询权限。操作员"王梅"和"马杰"具有所有部门的查询和录入权限。

3. 期初余额

（1）总账期初余额表。见"2014年8月会计科目及期初余额表"。

为了减轻学习者期初数据的录入工作量，省略了部分科目的累计借方发生额和贷方发生额。

(2) 辅助账期初余额表。

会计科目：1122　应收账款　余额：借 157 600 元

往来明细：

日期	凭证号	客户	摘要	方向	金额	业务员	票号	票据日期
2014-06-25	转-118	华美公司	销售商品	借	99 600.00	王丽	P111	2014-06-25
2014-07-10	转-15	昌乐贸易公司	销售商品	借	58 000.00	王丽	Z111	2014-07-10

辅助期初表

客户	累计借方金额	累计贷方金额
华美公司	40 000.00	13 500.00
昌乐贸易公司	20 000.00	6 500.00

会计科目：122102　其他应收款——应收个人款　余额：借 3 800 元

往来明细

日期	凭证号	部门	个人	摘要	方向	期初余额
2014-07-26	付-118	总经理办公室	肖义	出差借款	借	2 000.00
2014-07-27	付-156	销售部	孙健	出差借款	借	1 800.00

辅助期初表

个人	累计借方金额	累计贷方金额
肖义	4 200	5 410.27

会计科目：2202　应付账款　金额：贷 276 850 元

日期	凭证号	供应商	摘要	方向	金额	业务员	票号	票据日期
2014-5-20	转-45	兴利公司	购买原材料	贷	276 850.00	李平	C000	2014-05-20

会计科目：5001　生产成本　金额：借 17 165.74 元

科目名称	普通打印纸-A4	凭证套打纸-8X	合计
直接材料（500101）	4 000.00	6 000.00	10 000.00
直接人工（500102）	1 500.00	2 500.74	4 000.74

续表

科目名称	普通打印纸 – A4	凭证套打纸 – 8X	合计
制造费用（500103）	800.00	1 200.00	2 000.00
折旧费（500104）	500.00	665.00	1 165.00
合计	6 800.00	10 365.74	17 165.74

【实验要求】

以账套主管"陈力"的身份进行总账初始设置。

【操作主导】

1. 登录总账

（1）单击"开始"按钮，执行"程序"｜"用友 ERP – U8"｜"企业应用平台"命令，打开"登录"对话框。

（2）输入操作员001，选择账套"008 北京明天科技有限公司"；输入操作日期"2014 – 08 – 01"，单击"确定"按钮。

（3）在"业务工作"选项卡中，单击"财务会计"｜"总账"选项，展开总账下级菜单。

2. 设置总账控制参数

（1）在总账管理系统中，执行"设置""选项"命令，打开"选项"对话框。

（2）单击"编辑"按钮，进入选项编辑状态。如图 3 – 3 所示。

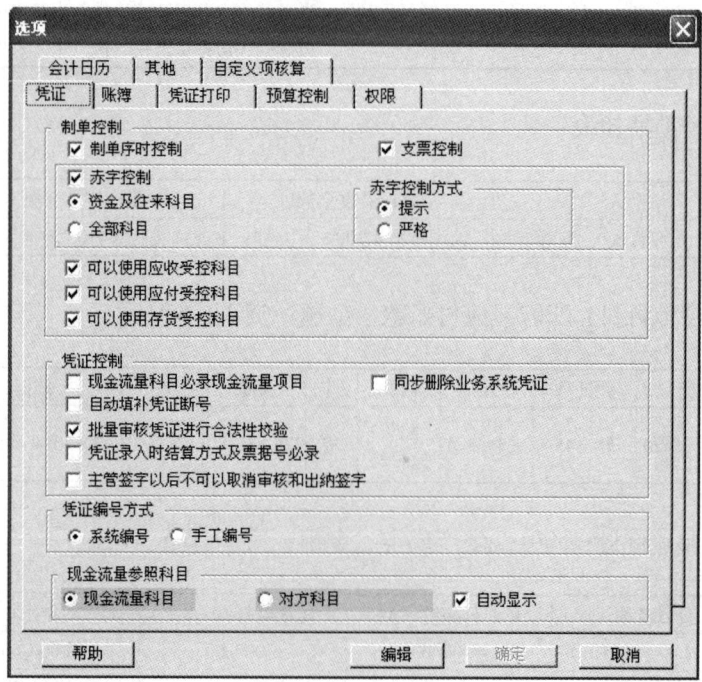

图 3 – 3 选项设置

（3）分别打开"凭证"、"账簿"、"凭证打印"、"预算控制"、"权限"、"会计日历"、"其他"选项卡，按照实验资料的要求进行相应的设置。

（4）设置完成后，单击"确定"按钮。

3. 设置基础数据

■ 设置外币及汇率

（1）在企业应用平台的"基础设置"选项卡中，执行"基础档案"｜"财务"｜"外币设置"命令，打开"外币设置"对话框。

（2）单击"增加"按钮，输入币符＄，币名"美元"，单击"确认"按钮。

（3）输入"2014-08"月份的记账汇率6.25，单击"退出"按钮，如图3-4所示。

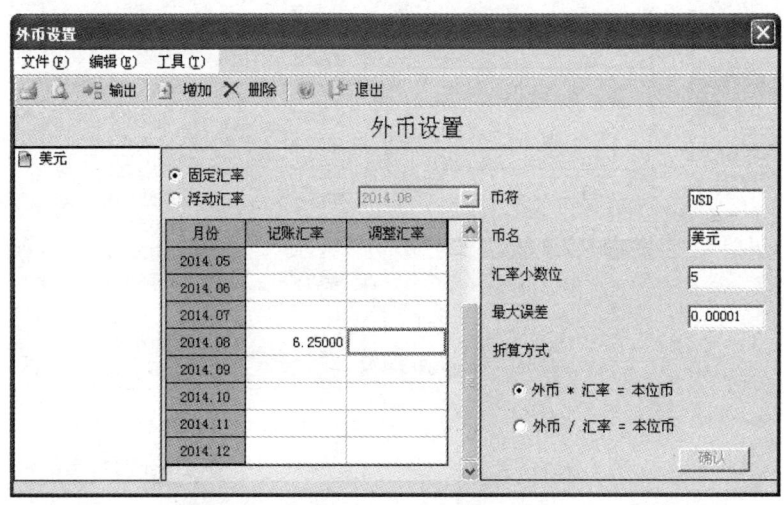

图3-4 外币设置

注意：

◆ 这里只能录入固定汇率和浮动汇率值，并不决定在制单时使用固定汇率还是浮动汇率，在总账"选项"对话框的"其他"选项卡的"外币核算"中，可设置制单使用固定汇率还是浮动汇率。

◆ 如果使用固定汇率，则应在每月月初录入记账汇率（即期初汇率），月末计算汇兑损益时录入调整汇率（即期末汇率）；如果使用浮动汇率，则应每天在此录入当日汇率。

■ 建立会计科目——增加明细会计科目

（1）在企业应用平台的"基础设置"选项卡中，执行"基础档案"｜"财务"｜"会计科目"命令，进入会计科目窗口，显示所有按"2007年新会计制度科目"预置的科目。

(2) 单击"增加"按钮,进入"会计科目——新增"窗口,输入实验资料中所给的明细科目。

(3) 输入明细科目相关内容。输入编码 100201、科目名称"工行存款"、选择"日记账"、"银行账",单击"确定"按钮。如图 3-5 所示。

(4) 继续单击"增加"按钮,输入实验资料中其他明细科目的相关内容。

(5) 全部输入完成后,单击"关闭"按钮。

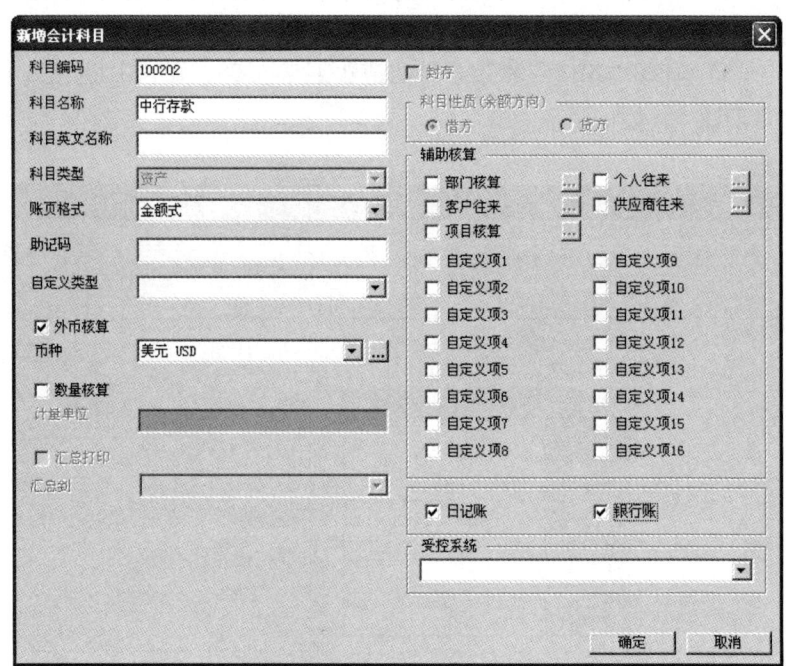

图 3-5 增加会计科目

注意:增加的会计科目编码长度及每段位数要符合编码规则。

■ **建立会计科目——修改会计科目**

(1) 在"会计科目"窗口中,选择要修改的会计科目 1001。

(2) 单击"修改"按钮或双击该科目,进入"会计科目—修改"窗口。

(3) 单击"修改"按钮,选中"日记账"复选框,单击"确定"按钮。

(4) 按实验资料内容修改其他科目的辅助核算属性,修改完成后,单击"返回"按钮。

注意:

◆ 已有数据的科目不能修改科目性质。

◆ 被封存的科目在制单时不可以使用。
◆ 只有处于修改状态才能设置汇总打印和封存。

■ **建立会计科目——删除会计科目**

(1) 在"会计科目"窗口中,选择要删除的会计科目。

(2) 单击"删除"按钮,弹出"记录删除后不能修复!真的删除此记录吗?"提示框。

(3) 单击"确定"按钮,即可删除该科目。

注意:

◆ 如果科目已录入期初余额或已制单,则不能删除。
◆ 非末级会计科目不能删除。
◆ 被指定为"现金科目"、"银行科目"的会计科目不能删除;如想删除,必须先取消指定。

■ **建立会计科目——指定会计科目**

(1) 在"会计科目"窗口中,执行"编辑"|"指定科目"命令,进入"指定科目"窗口。

(2) 单击"现金总账科目"单选按钮,将"现金(1001)"由待选科目选入已选科目。

(3) 单击"银行总账科目"单选按钮,将"银行存款(1002)"由待选科目选入已选科目,如图3-6所示。

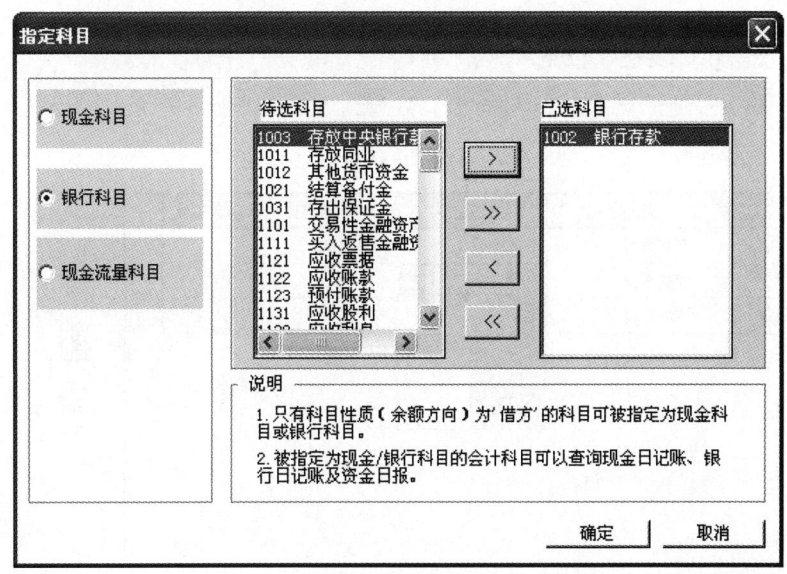

图3-6 指定银行科目

(4) 选择"现金流量科目"单选按钮,将"现金(1001)"、"工行存款(100201)"、"中行存款(100202)"由待选科目选入已选科目。

(5) 单击"确定"按钮。

注意：

◆ 指定会计科目是指定出纳的专管科目。只有指定科目后，才能执行出纳签字，从而实现现金、银行管理的保密性，才能查看现金、银行存款日记账。

◆ 在指定"现金科目"、"银行科目"之前，应在建立"现金"、"银行存款"会计科目时选中"日记账"复选框。

◆ 现金流量表的编制方法有两种方法：一种是利用总账中的现金流量辅助核算；另一种是利用专门的现金流量表软件编制现金流量表。本例拟采用第一种方法，因此在此处明确与现金流量有关联的科目。

■ 设置凭证类别

(1) 在企业应用平台的"基础设置"选项卡中，执行"基础档案"｜"财务"｜"凭证类别"命令，打开"凭证类别预置"对话框。

(2) 选择"收款凭证、付款凭证、转账凭证"单选按钮。

(3) 单击"确定"按钮，进入"凭证类别"窗口。

(4) 单击工具栏中的"修改"按钮，再单击收款凭证"限制类型"的下三角按钮，选择"借方必有"；在"限制科目"栏输入"1001，100201，100202"。如图3-7所示。

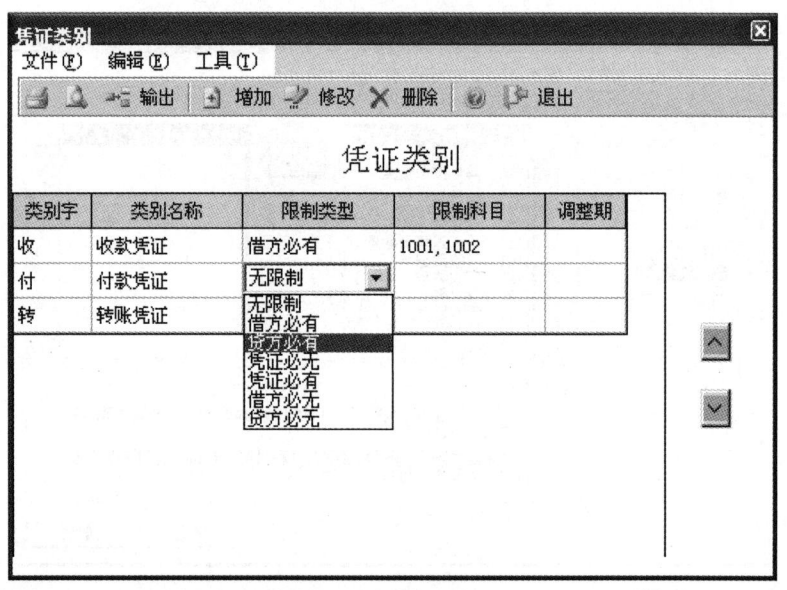

图3-7 设置凭证类别

(5) 设置付款凭证的限制类型"贷方必有"、限制科目"1001，100201，100202"；转账凭证的限制类型"凭证必无"、限制科目

"1001,100201,100202"。

（6）设置完后，单击"退出"按钮。

■ 设置结算方式

（1）在企业应用平台"基础设置"选项卡中，执行"基础档案"｜"收付结算"｜"结算方式"命令，进入"结算方式"窗口。

（2）单击"增加"按钮，输入结算方式编码1，结算方式名称"现金结算"，单击"保存"按钮。

（3）依次输入其他结算方式。对于"现金支票"和"转账支票"要选中"票据管理"标志，如图3-8所示。

（4）设置完成后，单击"退出"按钮。

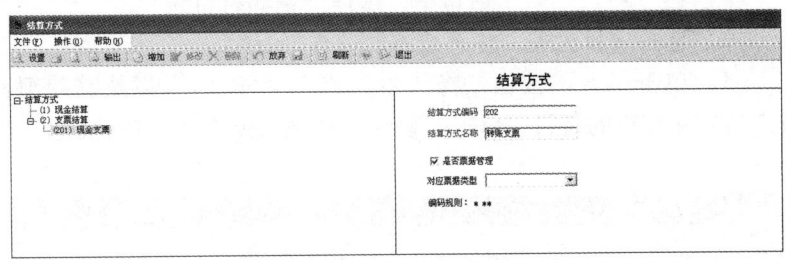

图3-8　结算方式

注意：支票管理是系统为辅助银行出纳对银行结算票据的管理而设置的功能，类似于手工系统中的支票登记簿的管理方式。若需实施票据管理，则选中"是否票据管理"复选框。

■ 设置项目目录——定义项目大类

（1）在企业应用平台"基础设置"选项卡中，执行"财务"｜"项目目录"命令，进入"项目档案"窗口。

（2）单击"增加"按钮，打开"项目大类定义——增加"对话框，如图3-9所示。

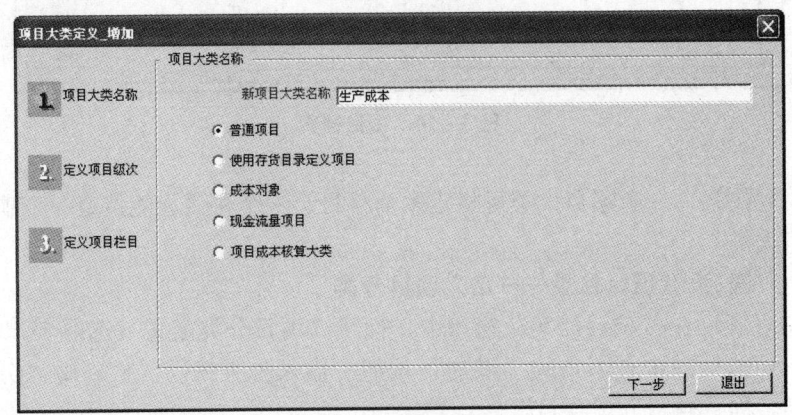

图3-9　项目大类

(3) 输入新项目大类名称"生产成本"。

(4) 单击"下一步"按钮,输入要定义项目的级次,假设本例采用系统默认值。

(5) 单击"下一步"按钮,输入要修改的项目栏目,假设本例采用系统默认值。

(6) 最后单击"完成"按钮,返回"项目档案"窗口。

注意:项目大类的名称是该类项目的总称,而不是会计科目名称。如:在建工程按具体工程项目核算,其项目大类名称应为"工程项目"而不是"在建工程"。

■ **设置项目目录——指定核算科目**

(1) 在"项目档案"窗口中,选择"核算科目"。

(2) 选择项目大类"生产成本"。

(3) 单击">"按钮,将"生产成本(5001)"以及其明细科目选为参加核算的科目,单击"确定"按钮,如图3-10所示。

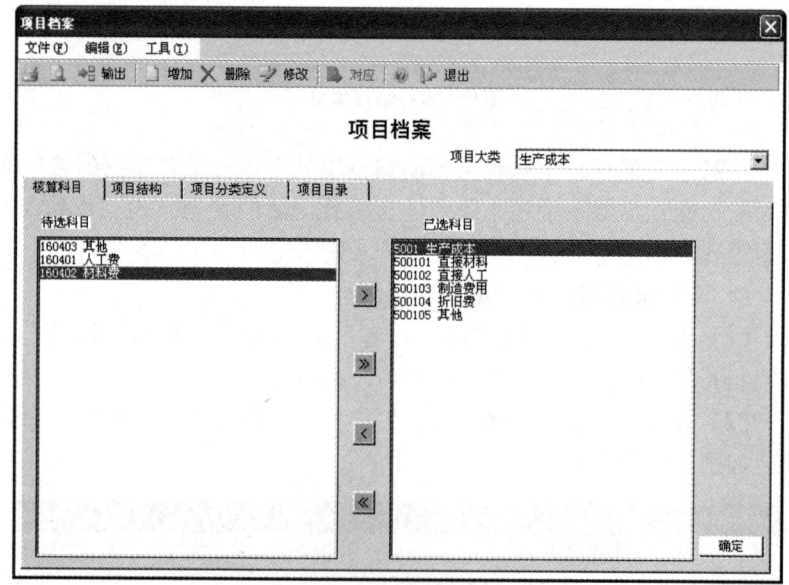

图3-10 项目档案

注意:一个项目大类可指定多个科目,一个科目只能指定一个项目大类。

■ **设置项目目录——定义项目分类**

(1) 在"项目档案"窗口中,打开"项目分类定义"选项卡。

(2) 单击右下角的"增加"按钮。输入分类编码"1";输入分类名称"自行开发项目"。

(3) 单击"确定"按钮,如图3-11所示。

(4) 同理定义"2 委托开发项目"项目分类。

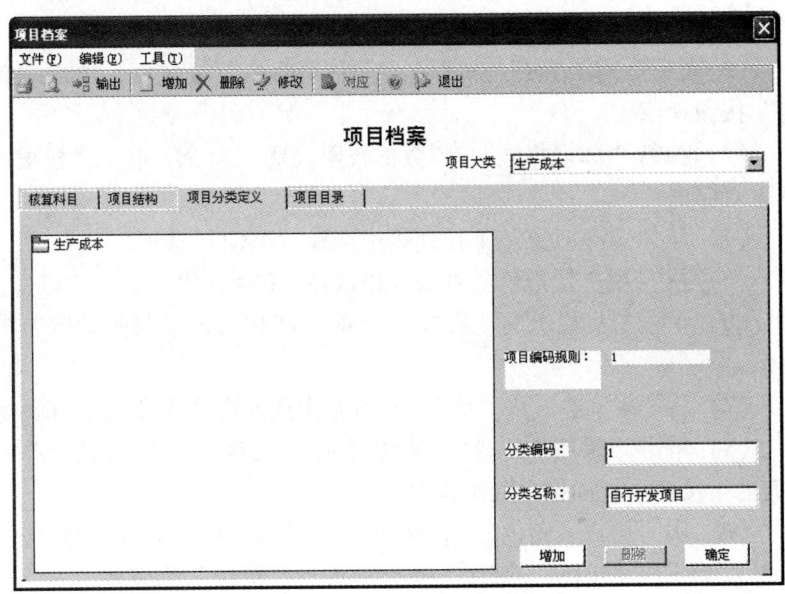

图 3-11　定义项目分类

注意：

◆ 为了便于统计，可对同一项目大类下的项目进一步划分，即定义项目分类。

◆ 若无分类，也必须定义项目分类为"无分类"。

■ **设置项目目录——定义项目目录**

(1) 在"项目档案"窗口中，打开"项目目录"选项卡。

(2) 单击右下角的"维护"按钮，进入"项目目录维护"窗口，如图 3-12 所示。

(3) 单击"增加"按钮。输入项目编号"1"；输入项目名称"普通打印纸——A4"选择所属分类码"1"。

(4) 同理，继续增加"2 凭证套打纸——8x"项目档案。

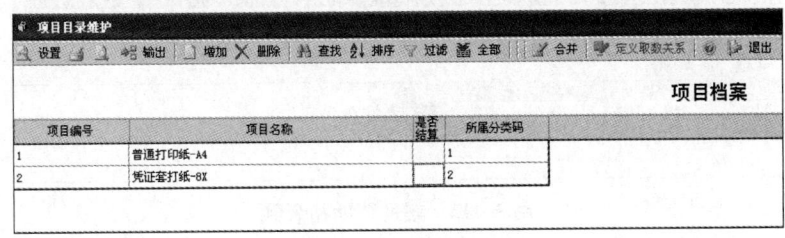

图 3-12　项目目录维护

注意：标识结算后的项目将不能再使用。

■ **数据权限控制设置及分配**

（1）在企业应用平台的"系统服务"选项卡中，执行"权限"｜"数据权限控制设置"命令，打开"数据权限控制设置"对话框。

（2）打开"记录级"选项卡，选中"部门"复选框，单击"确定"按钮返回。

（3）执行"数据权限"｜"数据权限设置"命令，进入"权限浏览"对话框。

（4）从"业务对象"下拉列表中选择"部门"选项。

（5）从"用户及角色"列表框中选择"004 白雪"。

（6）单击工具栏上的"授权"选项，打开"记录权限设置"对话框。

（7）将"采购部"从"禁用"列表框中选入到"可用"列表框中。

（8）单击"保存"按钮，系统提示"保存成功"信息，单击"确定"按钮，返回记录权限设置。

（9）从"用户及角色"列表框中分别选择"002 王梅"和"003 马杰"，将所有部门从"禁用"列表框选入"可用"列表框。

（10）单击"保存"按钮，系统提示"保存成功"信息提示对话框，单击"确定"按钮返回。

4. 输入期初余额

（1）在总账管理系统中，执行"设置"｜"期初余额"命令，进入"期初余额录入"窗口。

（2）直接输入末级科目（底色为白色）的累计发生额和期初余额，上级科目的累计发生额和期初余额自动填入。

（3）设置了辅助核算的科目，底色为浅黄色，其累计发生额可直接填入，但期初余额的录入必须到相应的辅助账中进行。其操作方法是：双击设置了辅助核算的属性科目的"期初余额栏"，进入相应的辅助账窗口，如图 3-13 所示。按明细输入每笔业务的期初余额，完成后单击"退出"按钮，辅助账余额自动转到总账。

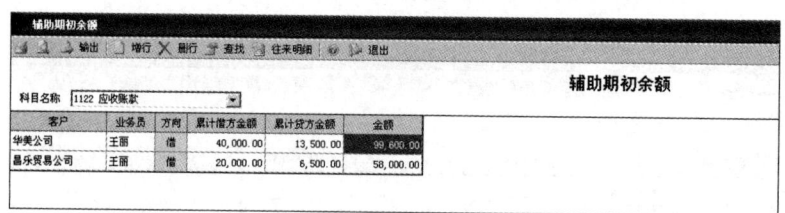

图 3-13　辅助账期初余额

（4）输入完所有科目余额后，单击"试算"按钮，打开"期初余额试算平衡表"对话框，如图 3-14 所示。

(5) 若期初余额不平衡，则修改期初余额，若期初余额平衡，单击"退出"按钮。

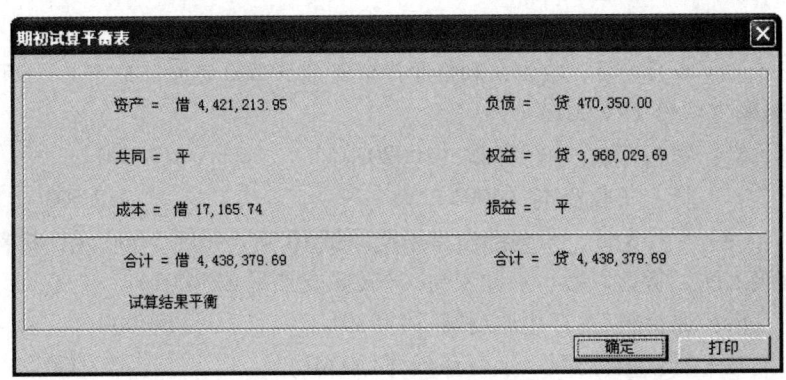

图 3-14 期初试算平衡表

实验三 总账管理系统日常业务处理

【实验目的】
(1) 掌握用友 ERP-U8 财务软件中总账系统日常业务处理的相关内容。
(2) 熟悉总账系统日常业务处理的各种操作。
(3) 掌握凭证管理、出纳管理和账簿管理的具体内容和操作方法。

【实验内容】
(1) 凭证管理：填制凭证、审核凭证、凭证记账。
(2) 出纳管理：出纳签字、现金、银行存款日记账和资金日报表的查询。
(3) 账簿管理：总账、科目余额表、明细账、辅助账的查询。

【实验准备】
引入"实验二"账套数据。

【实验资料】
1. 凭证管理
2014 年 8 月经济业务如下：
(1) 8 月 2 日，销售部王丽购买了 200 元的办公用品，以现金支付。（附单据一张）
　　借：销售费用（6601）　　　　　　　　200
　　　贷：库存现金（1001）　　　　　　　　　　200

（2）8月3日，财务部王梅从工行提取现金10 000元，作为备用金。现金支票号 XJ001

  借：库存现金（1001）   10 000
    贷：银行存款/工行存款（100201）   10 000

（3）8月5日，收到兴利集团投资资金50 000美元，汇率1∶6.25。（转账支票号 ZZW001）

  借：银行存款/中行存款（100202）   312 500
    贷：实收资本（4001）   312 500

（4）8月8日，采购部白雪采购原纸10吨，每吨5 000元，材料直接入库，货款以银行存款支付。（转账支票号 ZZR001）

  借：原材料/生产用原材料（140301）   50 000
    贷：银行存款/工行存款（100201）   50 000

（5）8月12日，销售部王丽收到华美公司转来一张转账支票，金额99 600元，用以偿还前欠货款。（转账支票号 ZZR002）

  借：银行存款/工行存款（100201）   99 600
    贷：应收账款（1122）   99 600

（6）8月14日，采购部白雪从兴利公司购入"管理革命"光盘100张，单价80元，货税款暂欠，商品已验收入库。（适用税税率17%）

  借：库存商品（1405）   8 000
    应交税金/应交增值税/进项税额（22210101）
                    1 360
    贷：应付账款（2202）   9 360

（7）8月16日，总经理办公室支付业务招待费1 200元。（转账支票号 ZZR003）

  借：管理费用/招待费（660205）   1 200
    贷：银行存款/工行存款（100201）   1 200

（8）8月18日，总经理办公室肖义出差归来，报销差旅费2 000元，交回现金200元。

  借：管理费用/差旅费（660204）   1 800
    库存现金（1001）   200
    贷：其他应收款/应收职工借款（122101） 2 000

（9）8月20日，一车间领用原纸5吨，单价5 000元，用于生产普通打印纸——A4。

  借：生产成本/直接材料（500101）   25 000
    贷：原材料/生产用原材料（140301）   25 000

2. 出纳管理

  8月25日，销售部李平借转账支票一张，票号155，预计金额

5 000 元。

【实验要求】

(1) 以"马杰"的身份进行填制凭证,凭证查询操作。

(2) 以"王梅"的身份进行出纳签字,现金、银行存款日记账和资金日报表的查询,支票登记操作。

(3) 以"陈力"的身份进行审核、记账账簿查询操作。

【操作指导】

以"003 马杰"的身份注册进入企业应用平台。

注意:操作日期输入"2014 - 08 - 31",这样,可以只注册一次企业应用平台,输入不同日期的凭证。

1. 凭证管理

■ 填制凭证

增加凭证——输入一张完整的凭证(业务 1 ~ 业务 9)

业务 1:辅助核算——现金流量

在填制凭证过程中,若某科目为"银行存款"、"外币科目"、"数量科目"、"辅助核算科目"、"现金流量科目",则输入完科目名称后,须继续输入科目的辅助核算信息。

(1) 执行"凭证"|"填制凭证"命令,进入"填制凭证"窗口。

(2) 单击"增加"按钮,增加一张空白凭证。

(3) 选择凭证类型"付款凭证";输入制单日期"2014 - 08 - 02";输入附单据数"1"。

(4) 输入摘要"购办公用品";输入科目名称"6601",借方金额"200",按"Enter"键;摘要自动带到下一行,输入科目名称"1001",贷方金额"200",如图 3 - 15 所示。单击"保存"按钮,系统弹出"凭证已成功保存!"信息提示框,单击"确定"按钮。

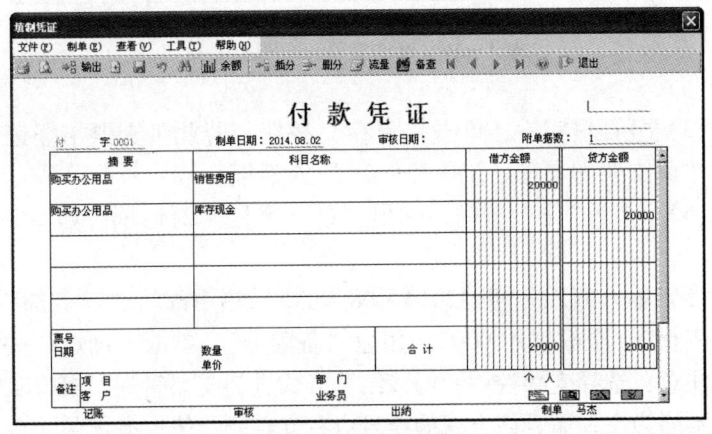

图 3 - 15 填制凭证

注意：

◆ 采用序时控制时，凭证日期应大于等于启用日期，不能超过业务日期。

◆ 凭证一旦保存，其凭证类别、凭证编号不能修改。

◆ 正文中不同行的摘要可以相同也可以不同，但不能为空。每行摘要将随相应的会计科目在明细账、日记账中出现。

◆ 科目编码必须是末级的科目编码。

◆ 金额不能为"零"；红字以"-"号表示。

◆ 可按"="键，取当前凭证借贷方金额的差额到当前光标位置。

业务2：辅助核算——银行科目

（1）在填制凭证过程中，输完银行科目"100201"，弹出"辅助项"对话框。

（2）输入结算方式"201"，票号"XJ001"，发生日期"2014-08-03"，单击"确定"按钮。如图3-16所示。

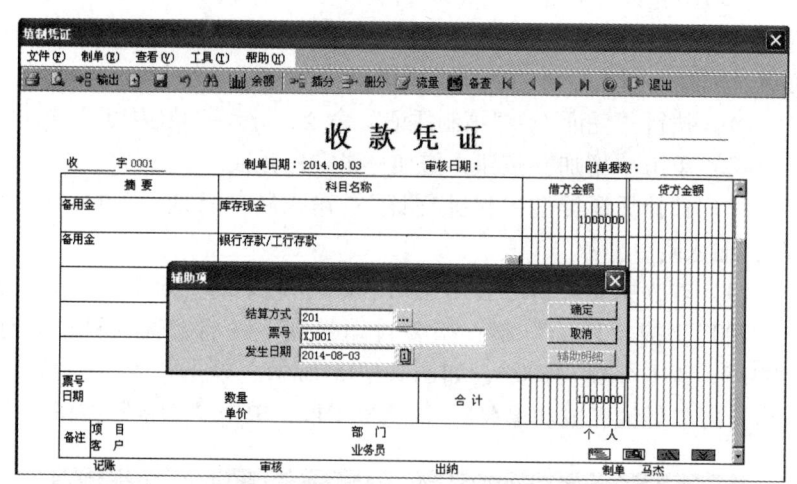

图3-16 辅助核算——银行科目

（3）凭证输完后，单击"保存"按钮，若此张支票未登记，则弹出"此支票尚未登记，是否登记？"对话框。

（4）单击"是"按钮，弹出"票号登记"对话框。如图3-17所示。

（5）输入领用日期"2014-08-03"，领用部门"财务部"，姓名"王梅"，限额"10 000"，用途"备用金"，单击"确定"按钮。

注意：选择支票控制，即该结算方式设为支票管理，银行账辅助信息不能为空，而且该方式的票号应在支票登记簿中有记录。

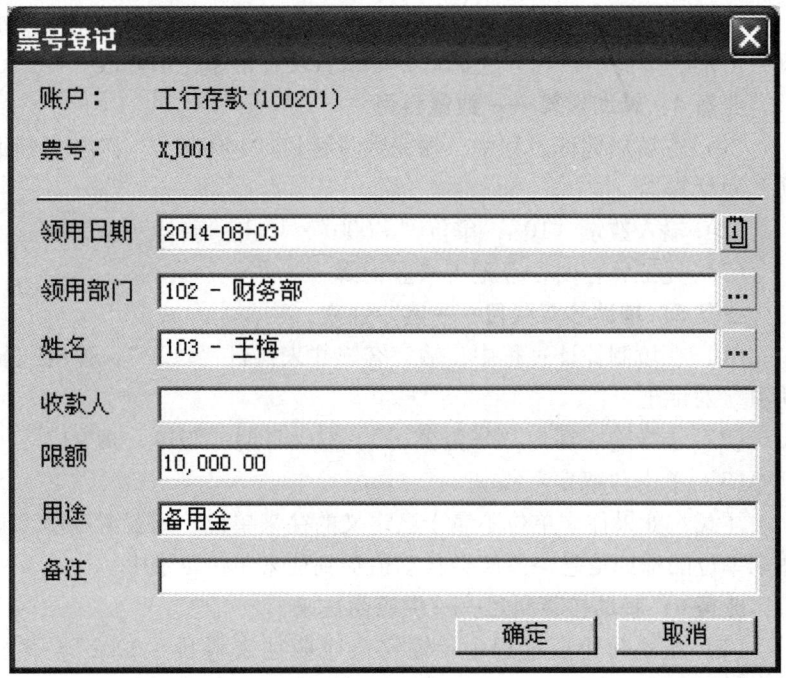

图 3-17 票号登记

业务 3：辅助核算——外币科目

（1）在填制凭证过程中，输完外币科目"100202"，输入外币金额"50 000"，根据自动显示的外币汇率"6.25"，自动算出并显示本币金额"312 500"。

（2）全输完后，单击"保存"按钮，保存凭证，如图 3-18 所示。

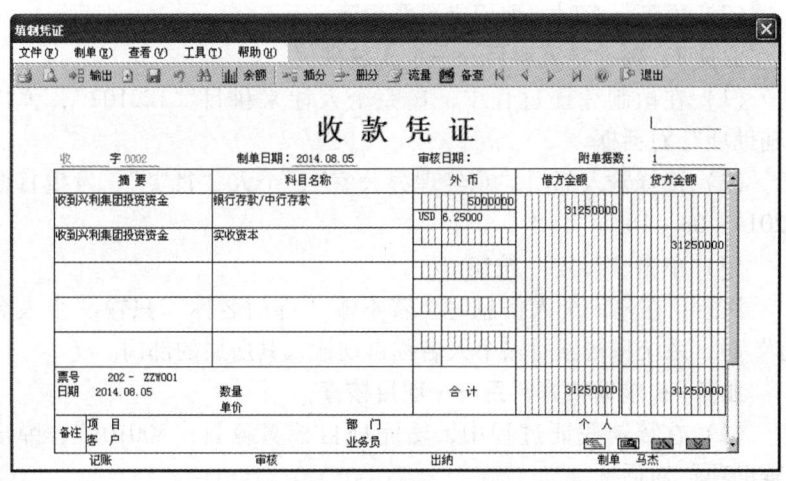

图 3-18 辅助核算——外币核算

注意：汇率栏中内容是固定的，不能输入或修改。如使用变动汇率，汇率栏中显示最近一次汇率，可以直接在汇率栏中修改。

业务4：辅助核算——数量科目

（1）在填制凭证过程中，输完数量科目"140301"，弹出"辅助项"对话框。

（2）输入数量"10"，单价"5 000"，单击"确认"按钮。

（3）凭证保存时，登记支票登记簿。

业务5：辅助核算科目——客户往来

（1）在填制凭证过程中，输完客户往来科目"1122"，弹出"辅助项"对话框。

（2）选择输入客户"华美公司"，发生日期"2014－08－12"。

（3）单击"确定"按钮。

注意：如果往来单位不属于已定义的往来单位，则要正确输入新往来单位的辅助信息，系统会自动追加到往来单位目录中。

业务6：辅助核算科目——供应商往来

（1）在填制凭证过程中，输完供应商往来科目"2202"，弹出"辅助项"对话框。

（2）选择输入供应商"兴利公司"，业务员"白雪"，发生日期"2014－08－14"。

（3）单击"确定"按钮。

业务7：辅助核算科目——部门核算

（1）在填制凭证过程中，输完部门核算科目"660205"，弹出"辅助项"对话框。

（2）选择输入部门"总经理办公室"，单击"确定"按钮。

（3）凭证保存时，登记支票登记簿。

业务8：辅助核算科目——个人往来

（1）在填制凭证过程中，输完个人往来科目"122102"，弹出"辅助项"对话框。

（2）选择输入部门"总经理办公室"，个人"肖义"，发生日期"2014－08－18"。

（3）单击"确定"按钮。

注意：在输入个人信息时，若不输"部门名称"只输"个人名称"时，系统将根据所输个人名称自动输入其所属的部门。

业务9：辅助核算科目——项目核算

（1）在填制凭证过程中，输完项目核算科目"500101"，弹出"辅助项"对话框。

（2）选择输入项目名称"普通打印纸——A4"，单击"确定"按钮。

注意：系统根据"数量×单价"自动计算出金额，并将金额先放在借方，如果方向不符，可将光标移动到贷方后，按Space（空格键）即可调整金额方向。

查询凭证

（1）执行"凭证"│"查询凭证"命令，打开"凭证查询"对话框。

（2）输入查询条件，单击"辅助条件"按钮，可输入更多查询条件。

（3）单击"确定"按钮，进入"查询凭证"窗口。

（4）双击某一凭证行，则屏幕可显示出此张凭证。

修改凭证（可选做）

（1）执行"凭证"│"填制凭证"命令，进入"填制凭证"窗口。

（2）单击"查询"按钮，输入查询条件，找到要修改的凭证。

（3）对于凭证的一般信息，将光标放在要修改的地方，直接修改；如果要修改凭证的辅助项信息，首先选中辅助核算科目行，然后将光标置于备注栏辅助项，待鼠标变形时双击，弹出"辅助项"对话框，在对话框中修改相关信息。

（4）单击"保存"按钮，保存相关信息。

注意：

◆ 未经审核的错误凭证可通过"填制凭证"功能直接修改；已审核的凭证应先取消审核后，再进行修改。

◆ 若已采用制单序时控制，则在修改制单日期时，不能在上一张凭证的制单日期之前。

◆ 若选择"不允许修改或作废他人填制的凭证"权限控制，则不能修改或作废他人填制的凭证。

◆ 如果涉及银行科目的分录已录入支票信息，并对该支票做过报销处理，修改操作将不影响"支票登记簿"中的内容。

◆ 外部系统传过来的凭证不能在总账系统中进行修改，只能在生成该凭证的系统中进行修改。

冲销凭证（可选做）

（1）在"填制凭证"窗口，执行"制单"│"冲销凭证"命令，打开"冲销凭证"对话框。

（2）输入条件：选择"月份"、"凭证类别"；输入"凭证号"等信息。

（3）单击"确定"按钮，系统自动生成一张红字冲销凭证。

注意：

◆ 通过红字冲销法增加的凭证，应视同正常凭证进行保存和管理。

◆ 制作红字冲销凭证将错误凭证冲销后，需要再编制正确的蓝字凭证进行补充。

删除凭证（可选做）
作废凭证

（1）先查询到要作废的凭证。

（2）在"填制凭证"窗口中，执行"制单"｜"作废/恢复"命令。

（3）凭证的左上角显示"作废"，表示该凭证已作废。

注意：

◆ 作废凭证仍保留凭证内容及编号，只显示"作废"字样。

◆ 作废凭证不能修改，不能审核。

◆ 在记账时，已作废的凭证应参与记账，否则月末无法结账，但不对作废凭证作数据处理，相当于一张空凭证。

◆ 账簿查询时，查不到作废凭证的数据。

◆ 若当前凭证已作废，可执行"编辑"｜"作废/恢复"命令，取消作废标志，并将当前凭证恢复为有效凭证。

整理凭证

（1）在"填制凭证"窗口中，执行"制单"｜"凭证删除/整理"命令，打开"选择凭证期间"对话框。

（2）选择要整理的"月份"。

（3）单击"确定"按钮，打开"作废凭证表"对话框。

（4）选择真正要删除的作废凭证。

（5）单击"确定"按钮，系统将这些凭证从数据库中删除并对剩下凭证重新排号。

注意：

◆ 如果作废凭证不想保留时，则可以通过"凭证删除/整理"功能，将其彻底删除，并对未记账凭证重新编号。

◆ 只能对未记账凭证作凭证整理。

◆ 已记账凭证作凭证整理，应先恢复本月月初的记账前状态，再作凭证整理。

■ 出纳签字
更换操作员

（1）在企业应用平台窗口中，执行左上角"重注册"命令，打开"登录"对话框。

（2）以"002 王梅"的身份重新注册进入企业应用平台，再进入总账管理系统。

注意：

◆ 凭证填制人和出纳签字人可以为不同的人，也可以为同一个人。

◆ 按照会计制度规定，凭证的填制与审核不能是同一个人。

◆ 在进行出纳签字和审核之前，通常需先更换操作员。

进行出纳签字

（1）执行"凭证"|"出纳签字"命令，打开"出纳签字"查询条件对话框。

（2）输入查询条件：单击"全部"单选按钮。

（3）单击"确定"按钮，进入"出纳签字"的凭证列表窗口。

（4）双击某一要签字的凭证或者单击"确定"按钮，进入"出纳签字"的列表窗口。

（5）单击"签字"按钮，凭证底部的"出纳"处自动签上出纳人姓名。

（6）单击"下张"按钮，对其他凭证签字，最后单击"退出"按钮。

注意：

◆ 涉及指定为现金科目和银行科目的凭证才需出纳签字。

◆ 凭证一经签字，就不能被修改、删除，只有取消签字后才可以修改或删除，取消签字只能由出纳人自己进行。

◆ 凭证签字并非审核凭证的必要步骤。若在设置总账参数时，不选择"出纳凭证必须经由出纳签字"，则可以不执行"出纳签字"功能。

◆ 可以执行"签字"|"成批出纳签字"功能对所有凭证进行出纳签字。

■ **审核凭证**

以"001 陈力"的身份重新注册进入企业应用平台。

（1）执行"凭证"|"审核凭证"命令，打开"凭证审核"查询条件对话框。

（2）输入查询条件，单击"确定"按钮，进入"凭证审核"的凭证列表窗口。

（3）双击要审核的凭证或单击"确定"按按钮，进入"凭证审核"的审核凭证窗口。

（4）检查要审核的凭证，无误后，单击"审核"按钮，凭证底部的"审核"处自动签上审核人姓名。

（5）单击"下张"按钮，对其他凭证签字，最后单击"退出"按钮。

注意：

◆ 审核人必须具有审核权。如果在选项中"凭证审核控制到操作员"，则审核人还需要有对制单人所制凭证的审核权。

◆ 作废凭证不能被审核，也不能被标错。

◆ 审核人和制单人不能是同一个人，凭证一经审核，不能被修改、删除，只有取消审核签字后才可修改或删除，已标记作废的凭证不能被审核，需先取消作废标记后才能审核。

■ 凭证记账

以"陈力"的身份进行记账。

记账

(1) 执行"凭证"|"记账"命令,进入"记账"窗口。

(2) 第一步,选择要进行记账的凭证范围,例如,在付款凭证的"记账范围"栏输入1-5,本例单击"全选"按钮,选择所有凭证。单击"下一步"按钮。

(3) 第二步显示记账报告,如果需要打印记账报告,可单击"打印"按钮。如果不打印记账报告,单击"下一步"按钮。

(4) 第三步记账,单击"记账"按钮,打开"试期初算平衡表"对话框,单击"确认"按钮,系统开始登录有关的总账和明细账、辅助账。登记完后,弹出"记账完毕"信息提示对话框。

(5) 单击"确定"按钮,记账完毕。

注意:

◆ 第一次记账时,若期初余额试算不平衡,不能记账。

◆ 上月未记账,本月不能记账。

◆ 未审核凭证不能记账,记账范围应小于等于已审核范围。

◆ 作废凭证不需审核可直接记账。

◆ 记账过程一旦断电或其他原因造成中断后,系统将自动调用"恢复记账前状态"恢复数据,然后再重新记账。

取消记账

激活"恢复记账前状态"菜单

(1) 在总账初始窗口,执行"期末"|"对账"命令,进入"对账"窗口。

(2) 按 Ctrl + H 键,弹出"恢复记账前状态功能已被激活"信息提示框,如图3-19所示。

图3-19 恢复记账前状态

（3）单击"确定"按钮，单击"退出"按钮。

注意：如果退出系统后又重新进入系统或在"对账"中按"Ctrl + H"键将重新隐藏"恢复记账前状态"功能。

■ 恢复记账

（1）执行"凭证"|"恢复记账前状态"命令，打开"恢复记账前状态"对话框。

（2）单击"最近一次记账前状态"单选按钮。

（3）单击"确定"按钮，系统弹出"请输入主管口令"信息提示对话框。

（4）输入口令1，单击"确定"按钮，稍后，系统弹出"恢复记账完毕"信息提示对话框，单击"确定"按钮。

注意：
◆ 已结账月份的数据不能取消记账。
◆ 取消记账后，一定要重新记账。

2. 出纳管理

以"王梅"的身份重新注册进入企业应用平台。

■ 现金日记账

（1）执行"出纳"|"现金日记账"命令，打开"现金日记账查询条件"对话框（见图3-20）。

（2）选择科目"1001 现金"，默认月份"2014-08"，单击"确定"按钮，进入"现金日记账"窗口。

科目	1001 库存现金							
2014年		凭证号数	摘要	对方科目	借方	贷方	方向	余额
月	日							
			月初余额				借	6,875.70
08	02	付-0001	购买办公用品	6601		200.00	借	6,675.70
08	02		本日合计			200.00	借	6,675.70
08	03	收-0001	备用金	100201	10,000.00		借	16,675.70
08	03		本日合计		10,000.00		借	16,675.70
08	18	收-0004	报销差旅费	122102	200.00		借	16,875.70
08	18		本日合计		200.00		借	16,875.70
08			当前合计		10,200.00	200.00	借	16,875.70
08			当前累计		29,089.65	19,060.85	借	16,875.70

图3-20 现金日记账

（3）双击某行或将光标定在某行再单击"凭证"按钮，可查看相应的凭证。

（4）单击"总账"按钮，可查看此科目的三栏式总账，单击"退出"按钮。

注意：如果在选项中设置了"明细账权限控制到科目"，那么账套主管应赋予出纳王梅"现金"和"银行存款"科目的查询功权限。

■ 银行存款日记账

银行存款日记账查询与现金日记账查询操作基本相同,所不同的只是银行存款日记账多一结算号栏,主要是对账时用。

■ 资金日报表

(1) 执行"出纳"|"资金日报"命令,打开"资金日报表查询条件"对话框。

(2) 输入查询日期"2014-08-03"。选择"有余额无发生也显示"复选框。

(3) 单击"确认"按钮,进入"资金日报表"窗口,单击"退出"按钮。

■ 支票登记簿

(1) 执行"出纳"|"支票登记簿"命令,打开"银行科目选择"对话框。

(2) 选择科目:工行存款"100201",单击"确定"按钮,进入支票登记窗口。

(3) 单击"增加"按钮。

(4) 输入领用日期"2014-08-25",领用部门"采购部",领用人"李平",支票号"155",预计金额"5 000",单击"保存"按钮,单击"退出"按钮。

注意:

◆ 只有在结算方式设置中选择"票据管理标志"功能才能在此选择登记。

◆ 领用日期和支票号必须输入,其他内容可输可不输。

◆ 报销日期不能在领用日期之前。

◆ 已报销的支票可成批删除。

3. 账簿管理

以"陈力"的身份重新注册进入企业应用平台。辅助账的查询只介绍部门账,其他账簿查询同理。

■ 查询基本会计核算账簿

(1) 执行"账表"|"科目账"|"总账"命令,查询总账。

(2) 执行"账表"|"科目账"|"余额表"命令,查询发生额及余额表。

(3) 执行"账表"|"科目账"|"明细账"命令,查询月份综合明细账。

■ 部门账

部门总账

(1) 执行"账表"|"部门辅助账"|"部门总账"|"三栏式总账"命令,进入"部门三栏总账条件"窗口。

(2) 输入查询条件：科目"660205 招待费"，部门"总经理办公室"。

(3) 单击"确定"按钮，显示查询结果。

(4) 将光标定在总账的某笔业务上，单击"明细"按钮，可以联查部门明细账。

部门明细账

(1) 执行"账表"｜"部门辅助账"｜"部门明细账"命令，进入"部门多栏明细账条件"窗口。

(2) 选择科目"6602"，部门"总经理办公室"，月份范围"2014.08～2014.08"，分析方式"金额分析"，单击"确定"按钮，显示查询结果。

(3) 将光标定在多栏账的某笔业务上，单击"凭证"按钮，可以联查该笔业务的凭证。

部门收支分析

(1) 执行"账表"｜"部门辅助账"｜"部门收支分析"，进入"部门收支分析条件"窗口。

(2) 第一步选择分析科目：选择所有的部门核算科目，单击"下一步"按钮。

(3) 第二步选择分析部门：选择所有的部门，单击"下一步"按钮。

(4) 第三步选择分析月份：起止月份"2014.08～2014.08"，单击"完成"按钮，显示查询结果。

实验四　总账管理系统期末处理

【实验目的】

(1) 掌握用友 ERP－U8 管理软件中总账管理系统月末处理的相关内容。

(2) 熟悉总账管理系统月末处理业务的各种操作。

(3) 掌握银行对账、自动转账设置与生成、对账和月末结账的操作方法。

【实验内容】

(1) 银行对账。

(2) 自动转账。

(3) 对账。

(4) 结账。

【实验准备】

引入"实验三"账套数据。

【实验资料】

1. 银行对账

（1）银行对账期初。明天科技公司银行账的启用日期为2014-08-01，工行人民币户企业日记账调整前余额为511 057.16元，银行对账单调整前余额为533 829.16元，未达账项一笔，系银行已收企业未收款22 772元。

（2）银行对账单。

8月银行对账单

日期	结算方式	票号	借方金额	贷方金额
2014-08-03	201	XJ001		10 000
2014-08-06				60 000
2014-08-10	202	ZZR001		50 000
2014-08-12	202	ZZR002	99 600	

2. 自动转账定义及生成

（1）自定义结转。

业务：按短期借款期末余额的0.2%计提短期借款利息

借：财务费用/利息支出（660301）　　　　　　　　　QM（2001，月）*0.002

贷：其他应付款（2241）　　　　　　　　　　　　　　　JG（　）

（2）期间损益结转。依照本实验操作指导中相应步骤操作。

【实验要求】

（1）以"王梅"的身份进行银行对账操作。

（2）以"马杰"的身份进行自动转账操作。

（3）以"陈力"的身份进行审核、记账、对账、结账操作。

【操作指导】

1. 银行对账

以"王梅"的身份注册进入企业应用平台。

■ 输入银行对账期初数据

（1）在总账管理系统中，执行"出纳"|"银行对账"|"银行对账期初录入"命令，打开"银行科目选择"对话框。

（2）选择科目"工行存款（100201）"，单击"确定"按钮，进入"银行对账期初"窗口。

（3）确定启用日期为"2014-08-01"。

（4）输入单位日记账的调整前余额511 057.16，输入银行对单的调整前余额 533 829.16。

(5) 单击"对账单期初未达项"按钮,进入"银行方期初"窗口。

(6) 单击"增加"按钮,输入日期"2014 – 07 – 30",结算方式 202,借方金额 22 772.00。

(7) 单击"保存"按钮,再在工具栏上单击"退出"按钮。

注意:

◆ 第一次使用银行对账功能前,系统要求录入日记账及对账单未达账项,在开始使用银行对账之后不再使用。

◆ 在录入完单位日记账、银行对账单期初未达账项后,请不要随意调整启用日期,尤其是向前调,这样可能会造成启用日期后的期初数不能再参与对账。

■ 录入银行对账单

(1) 执行"出纳"|"银行对账"|"银行对账单"命令,打开"银行科目选择"对话框。

(2) 选择科目"工行存款(100201)",月份"2014 – 08 ~ 2014 – 08",单击"确定"按钮,进入"银行对账单"窗口。

(3) 单击"增加"按钮,输入银行对账单数据,单击"保存"按钮。

■ 银行对账

自动对账

(1) 执行"出纳"Ⅰ"银行对账"|"银行对账"命令,打开"银行科目选择"对话框。

(2) 选择科目"工行存款(100201)",月份"2014 – 08 ~ 2014 – 08",单击"确定"按钮,进入"银行对账"窗口。

(3) 单击"对账"按钮,打开"自动对账"条件对话框。

(4) 输入截止日期"2014 – 08 – 31",默认系统提供的其他对账条件。

(5) 单击"确定"按钮,显示自动对账结果。

注意:

◆ 对账条件中的方向、金额相同是必选条件,对账截止日期可以不输入。

◆ 对于已达账项,系统自动在银行存款日记账和银行对账单双方的"两清"栏打上圆圈标志。

手工对账

(1) 在银行对账窗口中,对于一些应勾对而未勾对上的账项,可分别双击"两清"栏,直接进行手工调整。手工对账的标志为 Y,以区别于自动对账标志。

（2）对账完毕，单击"检查"按钮，检查结果平衡，单击"确认"按钮。

注意：在自动对账不能完全对上的情况下，可采用手工对账。

■ 输出余额调节表

（1）执行"出纳"｜"银行对账"｜"余额调节表查询"命令，进入"银行存款余额调节表"窗口。

（2）选择科目"工行存款（100201）"。

（3）单击"查看"按钮或双击该行，即显示该银行账户的银行存款余额调节表。

（4）单击"打印"按钮，打印银行存款余额调节表。

2. 自动转账

以"马杰"的身份重新注册进入企业应用平台。

■ 转账定义

自定义结转设置

（1）在总账管理系统中，执行"期末"｜"转账定义"｜"自定义转账"命令，进入"自定义转账设置"窗口。

（2）单击"增加"按钮，打开"转账目录"设置对话框。

（3）输入转账序号0001，转账说明"计提短期借款利息"；选择凭证类别"转账凭证"。

（4）单击"确定"按钮，继续定义转账凭证分录信息。

（5）单击"增行"，选择科目编码660301，方向"借"；双击金额公式栏，选择参照按钮，打开"公式向导"对话框。

（6）选择"期末余额"函数，单击"下一步"按钮，继续公式定义。

（7）选择科目2001，其他默认，单击"完成"按钮，金额公式带回"自定义转账设置"窗口。将光标移至末尾，输入"＊0.002"，按Enter键确认。

（8）单击"增行"，确定分录的贷方信息。选择科目编码2241，方向"贷"，输入金额公式JG（）。

（9）单击"保存"按钮。

注意：

◆ 转账科目可以为非末级科目、部门可为空，表示所有部门。

◆ 如果使用应收款、应付款管理系统，则在总账管理系统中，不能按客户、供应商辅助项进行结转，只能按科目总数进行结转。

◆ 输入转账计算公式有两种方法：一是直接输入计算公式；二是引导方式录入公式。

◆ JG（）含义为"取对方科目计算结果"，其中的"（）"必须为英文符号，否则系统提示"金额公式不合法：未知函数名"。

期间损益结转设置

（1）执行"期末"｜"转账定义"｜"期间损益"命令，进入"期间损益结转设置"窗口。

（2）选择凭证类别"转账凭证"，选择本年利润科目4103，单击"确定"按钮。

■ 转账生成

自定义转账生成

（1）执行"期末"｜"转账生成"命令，进入"转账生成"窗口。

（2）选择"自定义转账"单选按钮，单击"全选"按钮。

（3）再单击"确定"按钮，生成转账凭证。

（4）单击"保存"按钮，凭证左上角显示"已生成"字样，系统自动将当前凭证追加到未记账凭证中。

注意：

◆ 转账生成之前，注意转账月份为当前会计月份。

◆ 进行转账生成之前，先将相关经济业务的记账凭证登记入账。

◆ 转账凭证每月只生成一次。

◆ 若使用应收款、应付款管理系统，则总账管理系统中，不能按客户、供应商进行结转。

◆ 生成的转账凭证，仍需审核才能记账。

特别注意：以"陈力"身份将生成的自动转账凭证审核、记账。此操作若不进行，后面的期间损益结转的数据将会出错。

期间损益结转生成

（1）以"马杰"身份生成期间损益自动转账凭证。

（2）执行"期末"｜"转账生成"命令，进入"转账生成"窗口。

（3）选择"期间损益结转"单选按钮。

（4）单击"全选"按钮，再单击"确定"按钮，生成转账凭证。

（5）单击"保存"按钮，系统自动将当前凭证追加到未记账凭证中。

注意：以"陈力"身份将生成的自动转账凭证审核、记账。

3. 对账

以"陈力"的身份重新注册进入企业应用平台。

（1）执行"期末"｜"对账"命令，进入"对账"窗口。

（2）将光标置于要进行对账的月份"2014-08"，单击"选择"按钮。

（3）单击"对账"按钮，开始自动对账，并显示对账结果。

（4）单击"试算"按钮，可以对各科目类别余额进行试算平衡。

（5）单击"确认"按钮。

4. 结账

■ **进行结账**

（1）执行"期末"｜"结账"命令，进入"结账"窗口。

（2）单击选择要结账月份"2014-08"，单击"下一步"按钮。

（3）单击"对账"按钮，系统对要结账的月份进行账账核对。

（4）单击"下一步"按钮，系统显示"2014年08月工作报告"。

（5）查看工作报告后，单击"下一步"按钮，再单击"结账"按钮，若符合结账要求，系统将进行结账，否则不予结账。

注意：

◆ 结账只能由有结账权限的人进行。

◆ 本月还有未记账凭证时，则本月不能结账。

◆ 结账必须按月连续进行，上月未结账，则本月不能结账。

◆ 若总账与明细账对账不符，则不能结账。

◆ 如果与其他系统联合使用，其他子系统未全部结账，则本月不能结账。

◆ 结账前，要进行数据备份。

■ **取消结账**

（1）执行"期末"｜"结账"命令，进入"结账"窗口。

（2）选择要取消结账的月份"2014-08"。

（3）按 Ctrl + Shift + F6 键，激活"取消结账"功能。

（4）单击"确认"按钮，取消结账标志。

注意：在结完账后，由于非法操作或计算机病毒或其他原因可能会造成数据被破坏，这时可以在此使用"取消结账"功能。

第四章 UFO 报表管理

学习目标
- 了解报表管理系统的主要功能及其与 ERP 其他系统间的数据关系
- 熟悉报表管理系统的操作流程
- 理解利用报表管理系统自定义企业报表的原理
- 学会利用报表模板生成标准财务报表

第一节 系统概述

用友 ERP-U8 管理软件中的 UFO 报表是报表事务处理的工具。它与用友账务管理软件等各系统有完善的接口,具有方便的自定义报表功能、数据处理功能,内置多个行业的常用会计报表;该系统也可以独立运行,用于处理日常办公事务。

一、功能概述

(一) 文件管理功能

UFO 提供了各类文件管理功能,除能完成一般的文件管理外,UFO 的数据文件还能够转换为不同的文件格式,例如文本文件、MDB 文件、XLS 文件等。此外,通过 UFO 提供的"导入"和"导出"功能,可以实现和其他流行财务软件之间的数据交换。

(二) 格式设计功能

UFO 提供的格式设计功能,可以设置报表尺寸、组合单元、画表格线、调整行高列宽、设置字体和颜色、设置显示比例等。同时,

UFO 还内置了 11 种套用格式和 33 个行业的标准财务报表模板，包括最新的现金流量表，方便了用户标准报表的制作；对于用户单位内部常用的管理报表，UFO 还提供了自定义模板功能。

（三）公式设计功能

UFO 提供了绝对单元公式和相对单元公式，可以方便、迅速地定义计算公式、审核公式及舍位平衡公式；UFO 还提供了种类丰富的函数，在系统向导的引导下可轻松地从用友账务及其他子系统中提取数据，生成财务报表。

（四）数据处理功能

UFO 的数据处理功能可以固定的格式管理大量数据不同的表页，并在每张表页之间建立有机的联系。此外，还提供了表页的排序、查询、审核、舍位平衡及汇总功能。

（五）图标功能

UFO 可以很方便地对数据进行图形组织和分析，制作包括直方图、立体图、圆饼图、折线图等多种分析图表，并能编辑图标的位置、大小、标题、字体、颜色和打印输出。

（六）打印功能

UFO 提供"所见即所得"和"打印预览"的功能，可以随时观看报表或图形的打印效果。报表打印时，可以打印格式或数据，可以设置表头和表尾，可以在 0.3~3 倍之间缩放打印，可以横向或纵向打印等。

（七）二次开发功能

UFO 提供了批命令和自定义菜单，利用该功能可以开发出适合本企业的专用系统。

二、UFO 报表管理系统与其他系统的主要关系

UFO 报表管理系统主要是从其他系统中提取编制报表所需的数据。总账、工资、固定资产、应收款、应付款、财务分析、采购、库存、存货核算和销售子系统均可向报表子系统传递数据，以生成财务部门所需的各种会计报表。

三、UFO报表管理系统的业务处理流程

UFO报表管理系统的业务处理流程如图4-1所示。

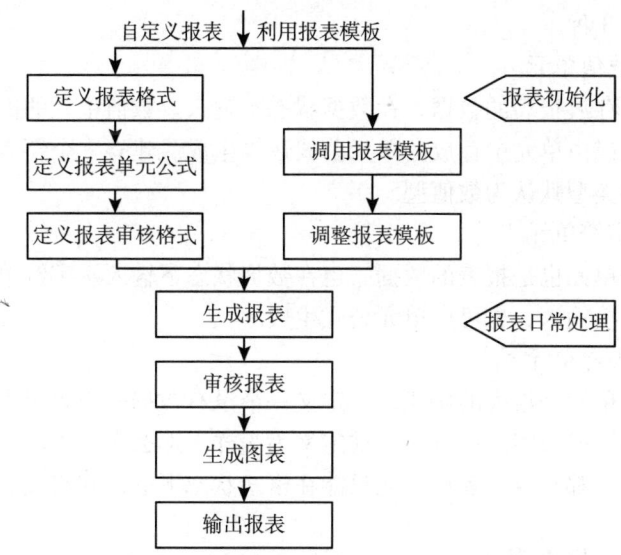

图4-1　UFO报表管理系统的业务处理流程

四、UFO报表管理系统的基本概念

（一）格式状态和数据状态

UFO将报表制作分为两大部分来处理，即报表格式、公式设计工作与报表数据处理工作。这两部分的工作是在不同状态下进行的。

- 格式状态

在报表格式设计状态下进行有关格式设计的操作，例如，表尺寸、行高列宽、单元属性、单元风格、组合单元、关键字；定义报表的单元公式（计算公式）、审核公式及舍位平衡公式。在格式状态下所看到的是报表的格式，报表的数据全部隐藏；在格式状态下所做的操作对本报表所有的表页都发生作用；在格式状态下不能进行数据的录入、计算等操作。

- 数据状态

在报表的数据状态下管理报表的数据，例如，输入数据、增加或删除表页、审核、舍位平衡、制作图形、汇总、合并报表等。在数据状态下不能修改报表的格式，看到的是报表的全部内容，包括格式和数据。

报表工作区的左下角有一个"格式/数据"按钮，单击这个按钮

可以在"格式状态"和"数据状态"之间切换。

（二）单元

单元是组成报表的最小单位。单元名称由所在行、列标识。例如，C8 表示第 3 列第 8 行的单元。单元类型有数值单元、字符单元、表样单元 3 种。

- 数值单元

用于存放报表的数据，在数据状态下输入。数值单元的内容可以直接输入或由单元中存放的单元公式运算生成。建立一个新表时，所有单元的类型默认为数值型。

- 字符单元

字符单元也是报表的数据，也在数据状态下输入。字符单元的内容可以直接输入，也可由单元公式生成。

- 表样单元

表样单元是报表的格式，是定义一个没有数据的空表所需的所有文字、符号或数字。一旦单元被定义为表样，那么在其中输入的内容对所有表页都有效。表样单元只能在格式状态下输入和修改。

（三）组合单元

组合单元由相邻的两个或更多的单元组成，这些单元必须是同一种单元类型（表样、数值、字符），UFO 在处理报表时将组合单元视为一个单元。组合单元的名称可以用区域的名称或区域中的任何一个单元的名称来表示。

（四）区域

区域由一张表页上的相邻单元组成，自起点单元至终点单元是一个完整的长方形矩阵。在 UFO 中，区域是二维的，最大的区域是整个表页，最小的区域是一个单元。例如，A6 到 C10 的长方形区域表示为 A6：C10，起点单元与终点单元用"："连接。

（五）表页

一个 UFO 报表最多可容纳 99 999 张表页，一个报表中的所有表页具有相同的格式，但其中的数据不同。表页在报表中的序号在表页的下方以标签的形式出现，称为"页标"。页标用"第 1 页"至"第 99 999 页"表示，当前表的第 2 页，可以表示为@2。

（六）二维表和三维表

确定某一数据位置的要素称为"维"。在一张有方格的纸上填写一个数,这个数的位置可通过行(横轴)和列(纵轴)来描述,那么这个表就是二维表。

如果将多个相同的二维表叠在一起,并要从多个二维表中找到一个数据,则需增加一个要素,即表页号(Z轴)。这一叠表称为一个三维表。

如果将多个不同的三维表放在一起,要从多个三维表中找到一个数据,又需增加一个要素,即表名。三维表的表间操作即为"四维运算"。因此,在UFO中要确定一个数据的所有要素为:＜表名＞、＜列＞、＜行＞、＜表页＞,如利润表第2页的C5单元,表示为"利润表" - ＞C5@2。

(七) 固定区及可变区

固定区指组成一个区域的行数和列数是固定的数目。可变区是组成一个区域的行数或列竖式不固定的数字,可变区的最大行数或最大列数是在格式设计中设定的。在一个报表中只能设置一个可变区。

有可变区的报表称为可变表。没有可变区的报表称为固定表。

(八) 关键字

关键字是一种特殊的单元,可以唯一标志一个表页,用于在大量表页中快速选择表页。例如,一个资产负债表的表文件可放一年12个月的资产负债表(甚至多年的多张表),要对某一张表页的数据进行定位,要设置一些定位标志,在UFO报表称为关键字。

UFO共提供了6种关键字,它们是"单位名称"、"单位编号"、"年"、"季"、"月"、"日"。除此之外,UFO还增加了一个自定义关键字,当定义名称为"周"和"旬"时有特殊意义,可以用于业务函数中代表取数日期。

关键字的显示位置在格式状态下设置,关键字的值则在数据状态下录入,每个报表可以定义多个关键字。

第二节 报表管理

一、报表定义及报表模板

(一) 报表格式定义

报表的格式设计在格式状态下进行,格式对整个报表都有效,包括以下操作：

（1）设置表尺寸。定义报表的大小即设定报表的行数和列数。

（2）定义组合单元。即把几个单元作为一个单元使用。

（3）画表格线。

（4）输入报表中项目。包括表头、表体和表尾（关键字值除外）。在格式状态下定义了单元内容的自动默认为表样型，定义为表样型的单元在数据状态下不允许修改和删除。

（5）定义行高和列宽。

（6）设置单元风格。设置单元的字形、字体、字号、颜色、图案、折行显示等。

（7）设置单元属性。把需要输入数字的单元定为数值单元；把需要输入字符的单元定为字符单元。

（8）确定关键字在表页上的位置，例如，单位名称、年、月等。

（二）报表公式定义

公式的定义在格式状态下进行。

- 计算公式：定义了报表数据之间的运算关系，可以实现报表系统从其他子系统中取数。
- 审核公式：用于审核报表内或报表之间的钩稽关系是否正确。
- 舍位平衡公式：用于报表数据进行进位或小数取整时调整数据，例如，将以"元"为单位的报表数据变成以"万元"为单位的报表数据，且表中的平衡关系仍然成立。

报表的计算公式在一般情况下必须设置，审核公示和舍位平衡公式是根据需要设置的。

用友软件的计算公式一般通过函数实现。企业常用的财务报表数据一般是来源于总账管理系统或报表系统本身，取自于报表的数据又可以分为从本报表取数和从其他报表的表页取数。

1. 自总账取数的函数

自总账取数的公式又可以称为账务函数。账务函数的基本格式如下：
函数名（"科目编码"，会计期间，["方向"]，[账套号]，[会计年度]，[编码1]，[编码2]）。

- 科目编码：也可以是科目名称，且必须用双引号括起来。
- 会计期间：可以是"年""季""月"等变量，也可以是具体表示年、季、月的数字。
- 方向：即"借"或"贷"，可以省略。
- 账套号：为数字，缺省时默认为 999 账套。
- 会计年度：即数据取数的年度，可以省略。
- [编码1]、[编码2]：与科目编码的核算账类有关，可以取科目的辅助账，如职员编码、项目编码等，如无辅助核算则省略。

账务取数函数主要有以下几种：

总账函数	金额式	数量式	外币式
期初额函数	QC（）	sQC（）	wQC（）
期末额函数	QM（）	sQM（）	wQM（）
发生额函数	FS（）	sFS（）	wFS（）
累计发生额函数	LFS（）	sLFS（）	wLFS（）
条件发生额函数	TFS（）	sTFS（）	wTFS（）
对方科目发生额函数	DFS（）	sDFS（）	wDFS（）
净额函数	JE（）	sJE（）	wJE（）
汇率函数	HL（）		

2. 自本表页取数的函数

自本表页取数的函数主要有以下几项：

数据合计	PTOTAL（）
平均值	PAVG（）
最大值	PMAX（）
最小值	PMIN（）

3. 自本表其他表页取数的函数

对于取自于本表其他表页的数据可以利用某个关键字作为表页定位的依据，或者直接以页标号作为定位依据，指定取某张表页的数据。

可以使用 SELECT（）函数从本表其他表页取数，例如以下数据。

C1 单元取自于上个月的 C2 单元的数据：C1 = SELECT（C2，月@ = 月 + 1）。

C1 单元取自于第 2 张表页的 C2 单元的数据：C1 = C2@2。

4. 自其他报表取数的函数

对于取自于其他报表的数据可以用"'报表[.REP]' - >单元"格式指定要取数的某张报表的单元。

（三）报表模板

通过报表格式定义和公式定义可以设置一个个性化的自定义报表。用友 UFO 还为用户提供了 33 个行业的各种标准财务报表格式。

利用报表模板可以迅速建立一张符合需要的财务报表。另外，对于一些本企业常用报表模板中没有提供的报表，在自定义完这些报表的格式和公式后，可以将其定义为报表模板，以后可以直接调用。

二、报表数据处理

报表数据处理主要包括生成报表数据、审核报表数据和舍位平衡操作等工作。数据处理工作必须在数据状态下进行。处理时计算机会根据已定义的单元公式、审核公式和舍位平衡公式自动进行取数、审核及舍位等操作。

报表数据处理一般是针对某一特定表页进行的,因此在数据处理时还涉及表页的操作,如增加、删除、插入、追加表页等。

报表的数据包括报表单元的数值和字符,以及游离于单元之外的关键字。数值单元只能生成数字,而字符单元既能生成数字又能生成字符。数值单元和字符单元可以由公式生成,也可以由键盘输入。关键字则必须由键盘输入。

三、表页管理及报表输出

报表的输出包括报表的屏幕输出和打印输出,输出时可以针对报表格式输出,也可以针对某一特定表页输出。输出报表格式须在格式状态下操作;而输出表页须在数据状态下操作,输出表页时,格式和报表数据一起输出。

输出表页数据时会涉及表页的相关操作,例如,表页排序、查找、透视等。屏幕输出时可以对报表的显示风格、显示比例加以设置。打印报表之前可以在预览窗口预览,打印时还可以进行页面设置和打印设置等操作。

四、图表功能

报表数据生成之后,为了对报表数据进行直观的分析和了解,方便对数据的对比、趋势和结构分析,可以利用图形对数据进行直观显示。UFO图表格式提供了直方图、圆饼图、折线图、面积图4大类共10种格式的图表。

图表是利用报表文件中的数据生成的,图表与报表数据存在着密切的联系,报表数据发生变化时,图表也随之变化,报表数据删除后,图表也随之消失。

实验五　UFO 报表管理

【实验目的】
(1) 理解报表编制的原理及流程。
(2) 掌握报表格式定义、公式定义的操作方法；掌握报表单元公式的用法。
(3) 掌握报表数据处理、表页管理及图表功能等操作。
(4) 掌握如何利用报表模板生成一张报表。

【实验内容】
(1) 自定义一张报表。
(2) 利用报表模板生成报表。

【实验准备】
引入"实验四"账套数据。

【实验资料】
1. 货币资金表
(1) 报表格式。

货币资金表

编制单位：　　　　　　　　　年　月　日　　　　　　　　　单位：元

项目	行次	期初数	期末数
现金	1		
银行存款	2		
合计	3		

制表人：

说明：
◆ 表头
标题"货币资金表"设置为黑体、14号、居中。
单位名称和年、月、日应设置为关键字。
◆ 表体
表体中文字设置为楷体、12号、居中。
◆ 表尾
"制表人："设置为宋体、10号、右对齐第4栏。
(2) 报表公式。
现金期初数：C4 = QC（"1001"，月）
现金期末数：D4 = QM（"1001"，月）

银行存款期初数：C5 = QC（"1002"，月）

银行存款期末数：D5 = QM（"1002"，月）

期初数合计：C6 = C4 + C5

期末数合计：D6 = D4 + D5

2. 资产负债表和利润表

利用报表模板生成资产负债表、利润表。

3. 现金流量表主表

利用报表模板生成现金流量表主表。

【实验要求】

以账套主管"陈力"的身份进行 UFO 报表管理操作。

【操作指导】

1. 启用 UFO 报表管理系统

（1）以"陈力"的身份进入企业应用平台，执行"财务会计" | "UFO 报表"命令，进入报表管理系统。

（2）执行"文件" | "新建"命令，建立一张空白报表，报表名默认为 report1。

2. 自定义一张货币资金表

■ 报表定义

查看空白报表底部左下角的"格式/数据"按钮，使当前状态为格式状态。

报表格式定义

设置报表尺寸

（1）执行"格式" | "表尺寸"命令，打开"表尺寸"对话框。

（2）输入行数 7，列数 4，单击"确认"按钮，如图 4 - 2 所示。

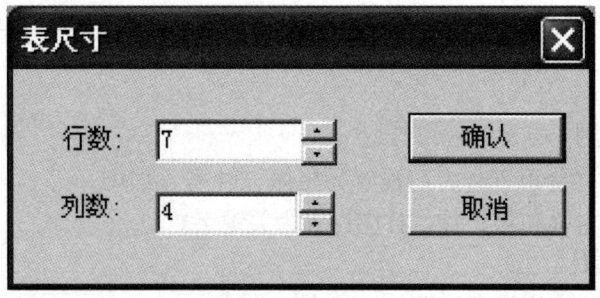

图 4 - 2 标尺寸

定义组合单元

（1）选择需合并的单元区域 A1：D1。

（2）执行"格式" | "组合单元"命令，打开"组合单元"对话框。

（3）选择组合方式为"整体组合"或"按行组合"，该单元即合并成一个单元格。

（4）同理，定义 A2：D2 单元为组合单元。

画表格线

（1）选中报表需要画线的单元区域 A3：D6。

（2）执行"格式"｜"区域画线"命令，打开"区域画线"对话框。

（3）选择"网线"单选按钮，单击"确认"按钮，将所选区域画上表格线。

输入报表项目

（1）选中需要输入内容的单元或组合单元。

（2）在该单元或组合单元中输入相关文字内容，例如，在 A1 组合单元中输入"货币资金表"字样；在 A2 组合单元中输入"编制单位：明天科技有限公司"。

注意：

◆ 报表项目是指报表的文字内容，主要包括表头内容、表体项目、表尾项目等，不包括关键字。

◆ 日期一般不作为文字内容输入，而需要设置为关键字。

定义报表行高和行宽

（1）选中需要调整的单元所在行 A1。

（2）执行"格式"｜"行高"命令，打开"行高"对话框。

（3）输入行高 7，单击"确定"按钮。

（4）选中需要调整的单元所在列，执行"格式"｜"列宽"命令，可设置该列的宽度。

注意：行高、列宽的单位为毫米。

设置单元风格

（1）选中标题所在组合单元 A1。

（2）执行"格式"｜"单元属性"命令，打开"单元格属性"对话框。

（3）打开"字体图案"选项卡，设置字体为"黑体"，字号为 14。

（4）打开"对齐"选项卡，设置对齐方式为"居中"，单击"确定"按钮。

定义单元属性

（1）选定单元 D7。

（2）执行"格式"｜"单元属性"命令，打开"单元格属性"对话框。

（3）打开"单元类型"选项卡，选择"字符"选项，单击"确定"按钮,如图4-3所示。

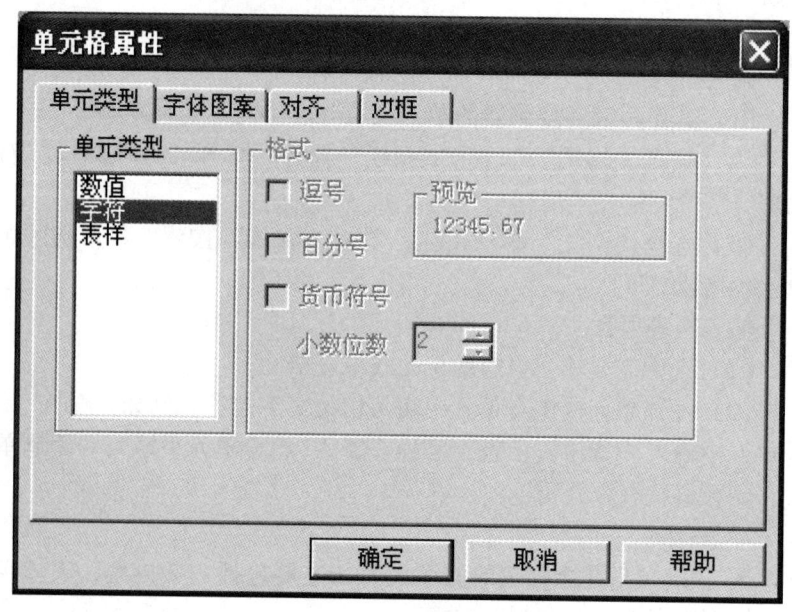

图4-3 单元属性

注意:

◆ 格式状态下输入内容的单元均默认为表样单元,未输入数据的单元均默认为数值单元,在数据状态下可输入数值。若希望在数据状态下输入字符,应将其定义为字符单元。

◆ 字符单元和数值单元输入后只对本表页有效,表样单元输入后对所有表页有效。

设置关键字

(1)选中需要输入关键字的组合单元A2。

(2)执行"数据"|"关键字"|"设置"命令,打开"设置关键字"对话框。

(3)选择"年"单选按钮,单击"确定"按钮。

(4)同理,设置"月"、"日"关键字。

注意:

◆ 每个报表可以同时定义多个关键字。

◆ 如果要取消关键字,须执行"数据"|"关键字"|"取消"命令。

调整关键字位置

(1)执行"数据"|"关键字"|"偏移"命令,打开"定义关键字偏移"对话框。

（2）在需要调整位置的关键字后面输入偏移量。年"－120"、月"－90"、日"－60"。

（3）单击"确定"按钮，如图4－4所示。

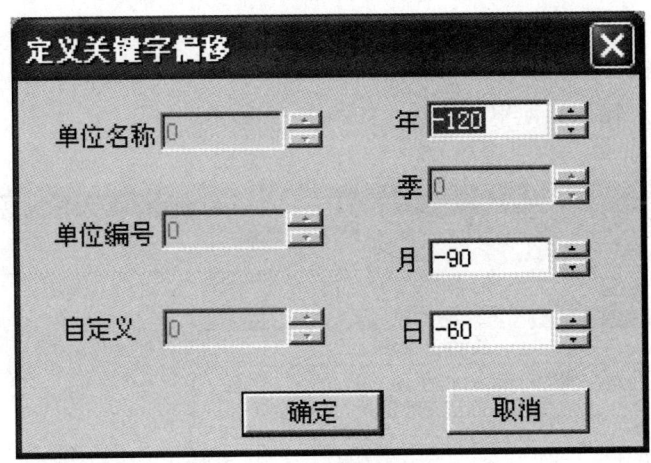

图4－4 定义关键字偏移

注意：
◆ 关键字的位置可以用偏移量来表示，负数值表示向左移，正数值表示向右移。在调整时，可以通过输入正或负的数值来调整。
◆ 关键字偏移量单位为像素。

报表公式主义

定义单元公式——直接输入公式。

（1）选定需要定义公式的单元C4，即"现金"的期初数。

（2）执行"数据"｜"编辑公式"｜"单元公式"命令，打开"定义公式"对话框。

（3）在"定义公式"对话框中，直接输入总账期初函数公式：QC（"1001"，月），单击"确认"按钮。

注意：
◆ 单元公式中涉及的符号均为英文半角字符。
◆ 单击fx按钮或双击某公式单元或按"＝"键，都可以打开"定义公式"对话框。

定义单元公式——引导输入公式。

（1）选定被定义单元D5，即"银行存款"期末数。

（2）单击fx按钮，打开"定义公式"对话框。

（3）单击"函数向导"按钮，打开"函数向导"对话框。

（4）在"函数分类"列表框中选择"用友账务函数"，在右侧的"函数名"列表框中选择"期末（QM），"单击"下一步"按钮，打开"用友账务函数"对话框。

(5) 单击"参照"按钮,打开"账务函数"对话框。

(6) 选择科目1002,其余各项均采用系统默认值,单击"确定"按钮,返回"用友账务函数"对话框。

(7) 单击"确定"按钮,返回"定义公式"对话框,单击"确认"按钮。

(8) 输入其他单元公式,如图4-5所示。

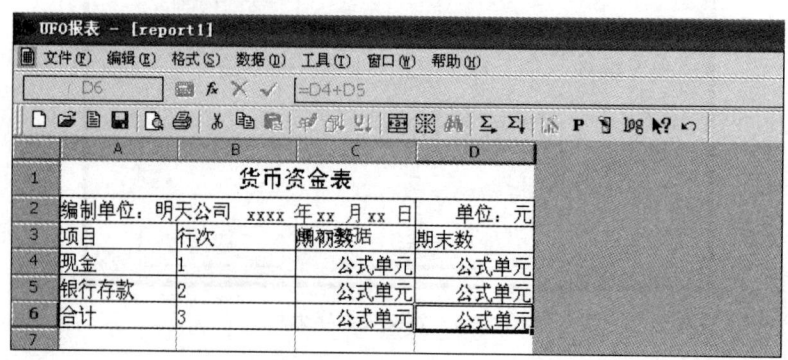

图4-5 定义报表公式

注意:如果未进行账套初始化,那么账套号和会计年度需要直接输入。

定义审核公式

审核公式用于审核报表内或报表之间钩稽关系是否正确。例如,"资产负债表"中的"资产合计=负债合计+所有者权益合计"。本实验的"货币资金表"中不存在这种钩稽关系。若要定义审核公式,执行"数据"|"编辑公式"|"审核公式"命令即可。

定义舍位平衡公式

(1) 执行"数据"|"编制公式"|"舍位公式"命令,打开"舍位平衡公式"对话框。

(2) 确定信息:舍位表名SW1,舍位范围C4:D6,舍位位数3,平衡公式"C6=C4+C5,D6=D4+D5"。

(3) 单击"完成"按钮。

注意:

◆ 舍位平衡公式是指用来重新调整报表数据进位后的小数位平衡关系的公式。

◆ 每个公式一行,各公式之间用逗号","(半角)隔开,最后一条公式不用写逗号,否则公式无法执行。

◆ 等号左边只能为一个单元(不带页号和表名)。

◆ 舍位公式中只能使用"+"、"-"符号，不能使用其他运算符及函数。

保存报表格式

(1) 执行"文件"|"保存"命令。如果是第一次保存，则打开"另存为"对话框。

(2) 选择保存文件夹的目录，输入报表文件名"货币资金表"，选择保存类型 *.REP，单击"保存"按钮。

注意：

◆ 报表格式设置完以后切记要及时将这张报表格式保存下来，以便以后随时调用。

◆ 如果没有保存就退出，系统会提示"是否保存报表？"信息，以防止误操作。

◆ REP 为用友报表文件专用扩展名。

■ **报表数据处理**

打开报表

(1) 启动 UFO 系统，执行"文件"|"打开"命令。

(2) 选择存放报表格式的文件夹中的报表文件"货币资金表.REP"，单击"打开"按钮。

(3) 单击空白报表底部左下角的"格式/数据"按钮，使当前状态为"数据"状态。

注意：报表数据处理必须在数据状态下进行。

增加表页

(1) 执行"编辑"|"追加"|"表页"命令，打开"追加表页"对话框。

(2) 输入需要增加的表页数为 2，单击"确认"按钮。

注意：

◆ 追加表页是在最后一张表页后追加 N 张空表页，插入表页是在当前表页后面插入一张空表页。

◆ 一张报表最多只能管理 99 999 张表页，演示版软件系统最多只能管理 4 张表页。

输入关键字值

(1) 执行"数据"|"关键字"|"录入"命令，打开"录入关键字"对话框。

(2) 输入年 2014，月 8，日 31。

(3) 单击"确认"按钮，系统弹出"是否重算第 1 页？"信息提示对话框。

(4) 单击"是"按钮，系统会自动根据单元公式计算 8 月数据；单击"否"按钮，系统不计算 8 月数据，以后可利用"表页重算"

功能生成 8 月数据。

注意：

◆ 每一张表页均对应不同的关键字值，输出时随同单元一起显示。

◆ 日期关键字可以确认报表数据取数的时间范围，即确定数据生成的具体日期。

生成报表

（1）执行"数据"｜"表页重算"命令，系统弹出"是否重算第1页？"信息提示对话框。

（2）单击"是"按钮，系统会自动在初始的账套和会计年度范围内根据单元公式计算生成数据。

注意：可将生成的数据报表保存到指定位置。

报表舍位操作

（1）执行"数据"｜"舍位平衡"命令。

（2）系统会自动根据前面定义的舍位公式进行舍位操作，并将舍位后的报表保存在 SW1.REP 文件中。

注意：

◆ 舍位操作以后，可以将 SW1.REP 文件打开查阅一下。

◆ 如果舍位公式有误，系统状态栏会提示"无效命令或错误参数！"信息。

■ **表页管理及报表输出**

表页管理

表页排序

（1）执行"数据"｜"排序"｜"表页"命令，打开"表页排序"对话框。

（2）确定信息：选择第一关键字"年"，排序方向"递增"；第二关键字"月"，排序方向"递增"。

（3）单击"确认"按钮，系统将自动把表页按年份递增顺序重新排列，如果年份相同则按月份递增顺序排序。

表页查找

（1）执行"编辑"｜"查找"命令，打开"查找"对话框。

（2）确定查找内容为"表页"，确定查找条件"月=8"。

（3）单击"查找"按钮，查找到符合条件的表页作为当前表页。

■ **图表功能（鉴于教学软件的缺陷，图表功能不需要练习)**

追加图表显示区域

（1）在格式状态下，执行"编辑"｜"追加"｜"行"命令，打开"追加行"对话框。

(2) 输入追加行数 10，单击"确定"按钮。

注意：追加行或列须在格式状态下进行。

插入图表对象

(1) 在数据状态下，选取数据区域 A3：D5。

(2) 执行"工具"｜"插入图表对象"命令，打开"区域作图"对话框。

(3) 选择确定信息：数据组为"行"，数据范围为"当前表页"。

(4) 输入图表名称"资金分析图"，图表标题"资金对比"，X 轴标题"期间"，Y 轴标题"金额"。

(5) 选择图表格式"成组直方图"，单击"确认"按钮。

(6) 将图表中的对象调整到合适位置。

注意：插入的图表对象实际上也属于报表的数据，因此有关图表对象的操作必须在数据状态下进行。

选择图表对象显示区域时，区域不能少于 2 行 * 2 列，否则会提示出现错误。

3. 调用报表模板生成资产负债表

■ **调用资产负债表模板**

(1) 在格式状态下，执行"格式"｜"报表模板"命令，打开"报表模板"对话框。

(2) 选择所在的行业为"2007 年新会计制度科目"，财务报表为"资产负债表"。

(3) 单击"确认"按钮，系统弹出"模板格式将覆盖本表格式！是否继续？"信息提示对话框。

(4) 单击"确定"按钮，即可打开"资产负债表"模板。

■ **调整报表模板**

(1) 单击"数据/格式"按钮，将"资产负债表"处于格式状态。

(2) 根据本单位的实际情况，调整报表格式，修改报表公式。

(3) 保存调整后的报表模板。

■ **生成资产负债表数据**

(1) 在数据状态下，执行"数据"｜"关键字"｜"录入"命令，打开"录入关键字"对话框。

(2) 输入关键字：年 2014，月 08，日 31。

(3) 单击"确认"按钮，系统弹出"是否重算第 1 页？"信息提示对话框。

(4) 单击"是"按钮，系统会自动根据单元公式计算 8 月数据；单击"否"按钮，系统不计算 8 月数据，以后可利用"表页重算"功能生成 8 月数据。

(5) 单击工具栏上的"保存"按钮，将生成的报表数据保存。

注意：同样方法，生成2014年8月利润表。

4. 调用总账的项目核算生成现金流量表

系统提供了两种生成现金流量表的方法：一是利用现金流量表模块，二是利用总账的项目管理功能和UFO报表。本例主要介绍第二种方法。

生成现金流量表之前在总账系统中需要做如下工作：

（1）在设置会计科目界面指定现金流量科目，如图4-6所示。

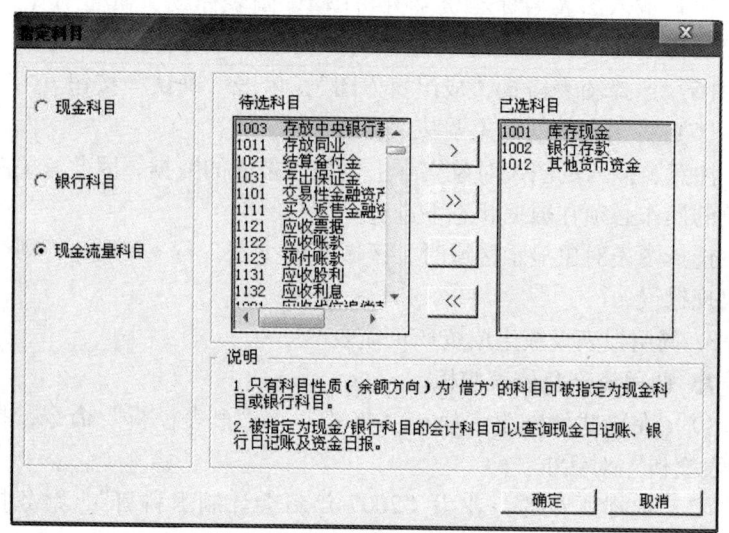

图4-6 指定现金流量科目

（2）系统在项目目录里已经建立了"现金流量项目"项目大类，如图4-7所示。

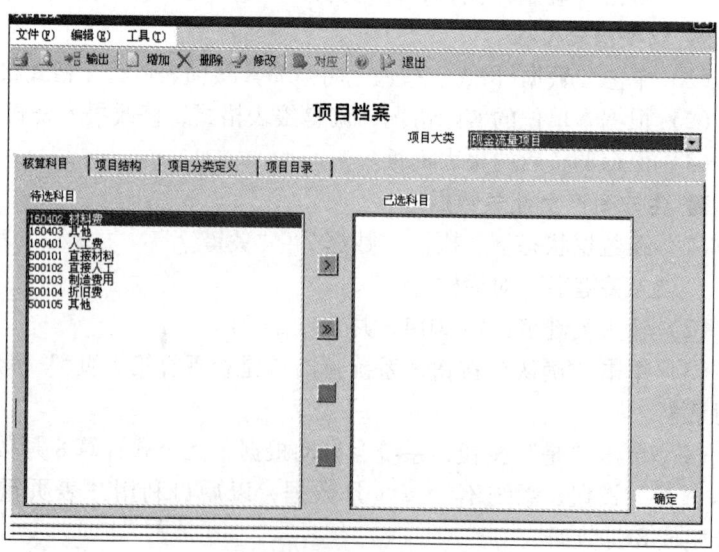

图4-7 现金流量项目大类及项目目录

(3)在填制凭证时如果涉及现金流量科目可以在填制凭证界面单击"流量"按钮,打开"现金流量表"对话框,指定发生的该笔现金流量的所属项目。如果在填制凭证时未指定现金流量项目,也可以执行"现金流量表"|"现金流量凭证查询"命令,进入"现金流量查询及修改"窗口,针对每一张现金流量凭证,单击"修改"按钮补充录入现金流量项目,如图4-8所示。

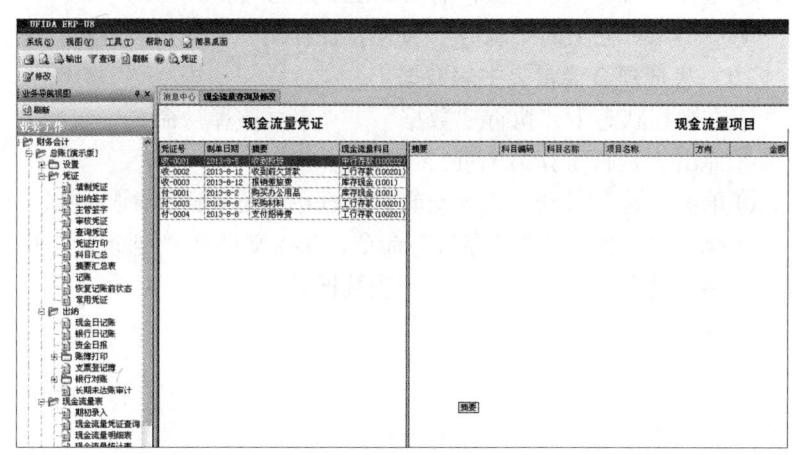

图4-8 现金流量查询及修改

(4)调用现金流量表模板,在 UFO 报表系统中生成现金流量表。

①在"格式"状态下,执行"格式"|"报表模板"命令,打开"报表模板"对话框。

②选择您所在的行业为"2007新会计制度科目",财务报表为"现金流量表"。

③单击"确认"按钮,弹出"模板格式将覆盖本表格式!是否继续?"提示框。

④单击"确定"按钮,即可打开"现金流量表"模板。

(5)调整报表模板。

①定义现金流量表关键字。在 B2 单元格定义关键字"年"和"月",然后设置关键字"年"偏移-60。

②单击"数据/格式"按钮,将"现金流量表"处于格式状态。

③单击选择 C6 单元格,单击 fx 按钮,打开"定义公式"对话框。单击"函数向导"按钮,打开"函数向导"对话框。

④在函数分类列表框中选择"用友账务函数",在右边的函数名列表中选中"现金流量项目金额(XJLL)",单击"下一步"按钮,打开"用友账务函数"对话框。

⑤单击"参照"按钮,打开"账务函数"对话框。

⑥单击"项目编码"右边的参照按钮，打开"现金流量项目"对话框。

⑦双击选择与C6单元格左边相对应的项目，单击"确定"按钮，返回"用友账务函数"对话框。

⑧单击"确定"按钮，返回"定义公式"对话框，单击"确认"按钮。

⑨重复步骤3~10步骤，输入其他单元公式。

⑩单击工具栏上的"保存"按钮，保存调整后的报表模板。

（6）生成现金流量表主表数据。

①在数据状态下，执行"数据"｜"表页重算"命令。

②弹出"是否重算第1页？"提示框。

③单击"是"按钮，系统会自动根据单元公式计算8月数据。

④执行"文件"｜"另存为"命令，输入文件名"现金流量表"，单击"另存为"按钮，将生成的报表数据保存。

第五章
薪资管理

学习目标
- 了解薪资管理系统的主要功能、与 ERP 其他系统间的数据关系
- 熟悉薪资管理系统的操作流程
- 理解薪资管理系统初始化的工作内容
- 掌握如何进行工资日常业务处理
- 了解针对不同企业应用需求的薪资解决方法

第一节 系统概述

一、薪资管理系统的主要功能

人力资源的核算和管理是企业管理的重要组成部分，其中对于企业员工的业绩考评和薪酬的确定正确与否更是关系到企业每一个职工的切身利益，对于调动每一个职工的工作积极性、正确处理企业与职工之间的经济关系具有重要意义。薪资管理是各企业事业单位最经常使用的功能之一。在用友 ERP-U8 管理软件中，它作为人力资源管理系统的一个子系统存在，它的主要功能包括以下方面。

（一）薪资类别管理

薪资管理系统提供处理多个工资类别的功能。如果单位按周或一月多次发放工资，或者是单位中有多种不同类别（部门）的人员，工资发放项目不同，计算公式也不同，但需进行统一工资核算管理，应选择建立多个工资类别。

如果单位中所有人员的工资统一管理，而人员的工资项目、工资

计算公式全部相同，则只需要建立单个工资类别，以提高系统的运行效率。

（二）人员档案管理

可以设置人员的基础信息并对人员变动进行调整，另外系统也提供了设置人员附加信息的功能。

（三）薪资数据管理

可以根据不同企业的需要设计工资项目和计算公式；管理所有人员的工资数据，并对平时发生的工资变动进行调整；自动计算个人所得税，结合工资发放形式进行扣零处理或向代发工资的银行传输工资数据；自动计算、汇总工资数据；自动完成工资分摊、计提、转账业务。

（四）薪资报表管理

提供多层次、多角度的工资数据查询。

二、薪资管理系统与其他系统的主要关系

薪资管理系统与系统管理共享基础数据；薪资管理系统将工资分摊的结果生成转账凭证，传递到总账管理系统；另外，薪资管理系统向成本核算系统传送相关费用的合计数据。

三、薪资管理系统的业务处理流程

（一）新用户的操作流程

采用多工资类别核算的企业，第一次启用薪资管理系统，应按图5-1所示步骤进行操作。

（二）老用户的操作流程

如果已经使用薪资管理系统，到了年末，应进行数据的结转，以便开始下一年度的工作。

在新的会计年度开始时，可在"设置"菜单中选择所需修改的内容，如人员附加信息、人员类别、工资项目、部门等，这些设置只有在新的会计年度第一个会计月中，删除所涉及的工资数据和人员档案后，才可进行修改。

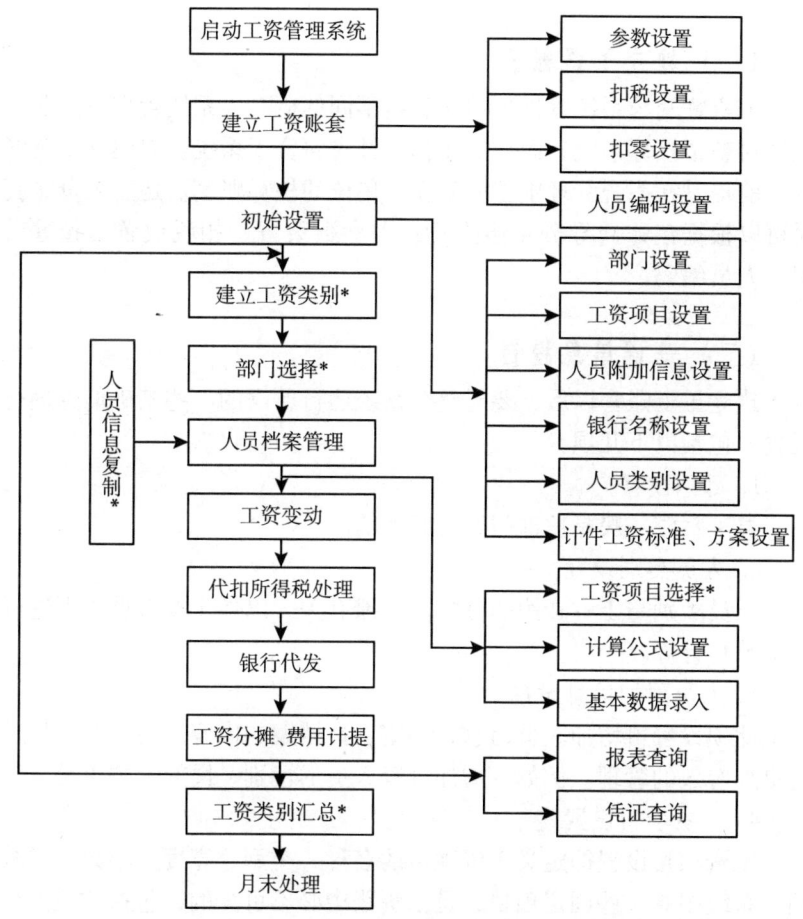

图 5-1 多工资类别核算管理企业的操作流程

第二节 薪资管理系统日常业务处理

一、初始设置

计算机处理工资程序基本类似于手工，只不过用户要做一次性初始设置，如部门、人员类别、工资项目、公式、个人工资、个人所得税设置、银行代发设置、各种表样的定义等，每月只需对有变动的地方进行修改，系统自动进行计算，汇总生成各种报表。薪资管理系统初始设置包括建立工资账套和基础信息设置两部分。

(一) 建立工资账套

工资账套与系统管理中的账套是不同的概念，系统管理中的账套是针对整个核算系统，而工资账套是针对薪资子系统。要建立工资账套，前提是在系统管理中首先建立本单位的核算账套。建立工资账套时可以根据建账向导分 4 步进行：即参数设置、扣税设置、扣零设置、人员编码。

(二) 基础信息设置

建立工资账套以后，要对整个系统运行所需的一些基础信息进行设置，包括以下几项：

1. 部门设置

员工薪资一般是按部门进行管理的。

2. 人员类别设置

人员类别与工资费用的分配、分摊有关，以便于按人员类别进行工资汇总计算。

3. 人员附加信息设置

此项设置可增加人员信息，丰富人员档案的内容，便于对人员进行更加有效的管理。例如，增加设置人员的性别、民族、婚否等。

4. 工资项目设置

工资项目设置即定义工资项目的名称、类型、宽度、小数、增减项。系统中有一些固定项目，是工资账中必不可少的，包括"应发合计"、"扣款合计"、"实发合计"，这些项目不能删除和重名。其他项目可根据实际情况定义或参照增加，例如，基本工资、奖励工资、请假天数等。在此设置的工资项目是针对所有工资类别的全部工资项目。

5. 银行名称设置

发放工资的银行可按需要设置多个，这里银行名称设置是针对所有工资类别的。例如，同一工资类别中的人员由于在不同的工作地点，需在不同的银行代发工资；或者不同的工资类别由不同的银行代发工资，均需设置相应的银行名称。

二、日常业务处理

(一) 工资类别管理

薪资管理系统是按工资类别来进行管理的。每个工资类别下有职工档案、工资变动、工资数据、报税处理、银行代发等。对工资类别的维护包括建立工资类别、打开工资类别、删除工资类别、关闭工资类别和汇总工资类别。

1. 人员档案

人员档案的设置用于登记工资发放人员的姓名、职工编号、所在部门、人员类别等信息，此外员工的增减变动也必须在本功能中处理。人员档案的操作是针对某个工资类别的，即应先打开相应的工资类别。

人员档案管理包括增加、修改、删除人员档案，人员调离与停发处理，查找人员等。

2. 设置工资项目和计算公式

在系统初始中设置的工资项目包括本单位各种工资类别所需要的全部工资项目。由于不同的工资类别，工资发放项目不同，计算公式也不同，因此应对某个指定工资类别所需的工资项目进行设置，并定义此工资类别的工资数据计算公式。

- 选择建立本工资类别的工资项目

这里只能选择系统初始中设置的工资项目，不可自行输入。工资项目的类型、长度、小数位数、增减项等不可更改。

- 设置计算公式

指定义某些工资项目的计算公式及工资项目之间的运算关系。例如，缺勤扣款 = 基本工资/月工作日 × 缺勤天数。运用公式可直观表达工资项目的实际运算过程，灵活地进行工资计算处理。定义公式可通过选择工资项目、运算符、关系复杂、函数等组合完成。

系统固定的工资项目"应发合计"、"扣款合计"、"实发合计"等的计算公式，系统根据工资项目设置的"增减项"自动给出。用户在此只能增加、修改、删除其他工资项目的计算公式。

定义工资项目计算公式要符合逻辑，系统将对公式进行合法性检查，不符合逻辑的系统将给出错误提示。定义公式时要注意先后顺序，先得到的数据应先设置公式。应发合计、扣款合计和实发合计公式应是公式定义框的最后 3 个公式，并且实发合计的公式要在应发合计和扣款合计公式之后。可通过单击公式框的▲、▼按钮调整计算公式顺序。如出现计算公式超长，可将所用到的工资项目名称缩短（减少字符数），或设置过度项目。定义公式时可使用函数公式向导参照输入。

（二）工资数据管理

第一次使用薪资管理系统必须将所有人员的基本工资数据录入计算机，平时如每月发生工资数据的变动也在此进行调整。为了快速、准确地录入工资数据，系统提供以下功能。

1. 筛选和定位

如果对部分人员的工资数据进行修改，最好采用数据过滤的方法，先将所要修改的人员过滤出来，然后进行工资数据修改。修改完毕后进行"重新计算"和"汇总"。

2. 页编辑

在工资变动窗口提供了"编辑"按钮，可以对选定的个人进行快速录入。单击"上一人""下一人"按钮可变更人员，录入或修改其他人员的工资数据。

3. 替换

将符合条件的人员的某个工资项目的数据，统一替换成某个数据。如管理人员的奖金上调200元，进行调整时就可以使用该功能。

4. 过滤器

如果只对工资项目中的某一个或几个项目修改，可将要修改的项目过滤出来。例如，只对"事假天数""病假天数"两个工资项目的数据进行修改。对于常用到的过滤项目可以在项目过滤选择后，输入一个名称进行保存，以后可通过过滤项目名称调用，不用时也可以删除。

（三）工资分钱清单

工资分钱清单是按单位计算的工资发放分钱票面额清单，会计人员根据此表从银行取款并发给各部门。系统提供了票面额设置的功能，用户可根据单位需要自由设置，系统根据实发工资项目分别自动计算出按部门、按人员、按企业各种面额的张数。

（四）个人所得税的计算与申报

鉴于许多企事业单位计算职工工资薪金所得税工作量较大，本系统特提供个人所得税自动计算功能，用户只需自定义所得税率，系统自动计算个人所得税。

（五）银行代发

目前社会上许多单位发放工资时都采用职工凭工资信用卡去银行取款。银行代发业务处理，是指每月末单位应向银行提供银行给定文件格式的文件。这样做既减轻了财务部门发放工资的繁重工作，又有效地避免了财务去银行提取大笔款项所承担的风险，同时还提高了对员工个人工资的保密程度。

（六）工资分摊

工资是费用中人工费最主要的部分，还需要对工资费用进行工资总额的计提计算、分配及各种经费的计提，并编制转账会计凭证，供登账处理之用。

(七) 工资数据查询统计

工资数据处理结果最终通过工资报表的形式反映，薪资管理系统提供了主要的工资报表，报表的格式由系统提供。如果对报表提供的固定格式不满意，可以通过"修改表"和"新建表"功能自行设计。

1. 工资表

工资表包括工资发放签名表、工资发放条、工资卡、部门工资汇总表、人员类别工资汇总表、条件汇总表、条件统计表、条件明细表、工资变动明细表、工资变动汇总表等由系统提供的原始表。主要用于本月工资发放和统计，工资表可以进行修改和重建。

2. 工资分析表

工资分析表是以工资数据为基础，对部门、人员类别的工资数据进行分析和比较，产生各种分析表，供决策人员使用。

三、期末处理

(一) 月末结转

月末处理是将当月数据经过处理后结转至下月。每月工资数据处理完毕后均可进行月末结转。由于在工资项目中，有的项目是变动的，即每月的数据均不相同，在每月工资处理时，均需将其数据清零，而后输入当月的数据，此类项目即为清零项目。

因月末处理功能只有主管人员才能执行，所以应以主管的身份登录系统。

月末结转只有在会计年度的 1~11 月进行，且只有在当月工资数据处理完毕后才可进行。若未处理多个工资类别，则应打开工资类别，分别进行月末结转。若本月工资数据未汇总，系统将不允许进行月末结转。进行期末处理后，当月数据将不允许变动。

(二) 年末结转

年末结转是将工资数据经过处理后结转至下年。进行年末结转后，新年度账将自动建立。只有处理完所有工资类别的工资数据，对多工资类别，应关闭所有工资类别，然后在系统管理中选择"年度账"菜单，进行上年数据结转。其他操作与月末处理类似。

年末结转只有在当月工资数据处理完毕后才能进行。若当月工资数据未汇总，系统将不允许进行年末结转。进行年末结转后，本年各月数据将不允许变动。若用户跨月进行年末结转，系统将给予提示。年末处理功能只有主管人员才能进行。

实验六 薪资管理

【实验目的】

(1) 掌握用友 ERP – U8 管理软件中薪资管理系统的相关内容。

(2) 掌握薪资管理系统初始化、日常业务处理、工资分摊及月末处理的操作。

【实验内容】

(1) 薪资管理系统初始设置；

(2) 薪资管理系统日常业务处理；

(3) 工资分摊及月末处理；

(4) 薪资管理系统数据查询。

【实验准备】

引入"实验二"账套数据

【实验资料】

1. 建立工资账套

工资类别个数：多个；核算计件工资；核算币种：人民币 RMB；要求代扣个人所得税；不进行扣零处理，人员编码长度 3 位；启用日期：2014 年 8 月。

2. 基础信息设置

(1) 工资项目设置。

项目名称	类型	长度	小数位数	增减项
基本工资	数字	8	2	增项
奖励工资	数字	8	2	增项
交补	数字	8	2	增项
应发合计	数字	10	2	增项
请假扣款	数字	8	2	减项
养老保险金	数字	8	2	减项
扣款合计	数字	10	2	减项
实发合计	数字	10	2	增项
工资代扣税	数字	10	2	减项
请假天数	数字	8	2	其他

(2) 人员档案设置。

工资类别 1：正式人员。

部门选择：所有部门。

工资项目：基本工资、奖励工资、交补、应发合计、请假扣款、养老保险金、扣款合计、实发合计、工资代扣税、请假天数。

工资项目	定义公式
请假扣款	请假天数×80
养老保险金	养老保险金=（基本工资＋奖励工资）×0.05
交补	IFF（人员类别＝"企业管理人员"OR 人员类别＝"车间管理人员"，300，100）

人员档案

人员编号	人员姓名	部门名称	人员类别	账号	中方人员	是否计税	计件工资
101	肖义	总经理办公室	企业管理人员	20130080001	是	是	否
102	陈力	财务部	企业管理人员	20130080002	是	是	否
103	王梅	财务部	企业管理人员	20130080003	是	是	否
104	马杰	财务部	企业管理人员	20130080004	是	是	否
211	白雪	采购部	经营人员	20130080005	是	是	否
212	李平	采购部	经营人员	20130080006	是	是	否
203	王丽	销售部	经营人员	20130080007	是	是	否
204	孙键	销售部	经营人员	20130080008	是	是	否
301	周月	一车间	车间管理人员	20130080009	是	是	否
302	孟强	一车间	生产人员	20130080010	是	是	否

注：以上所有人员的代发银行均为工商银行中关村分理处。

工资类别2：临时人员。

部门选择：制造中心。

工资项目：计件工资。

人员编号	人员姓名	部门名称	人员类别	账号	中方人员	是否计税	计件工资
311	罗江	一车间	生产人员	20130080031	是	是	是
312	刘青	二车间	生产人员	20130080032	是	是	是

（3）银行名称工商银行中关村分理处；账号定长为11。

（4）工资标准。

计件工资标准：工时。

工时档案包括两项：01 组装　02 检验

（5）计件工资方案设置。

部门	方案编码	方案名称	工时	计件单价
一车间	01	组装工时	组装	35.00
二车间	02	检验工时	检验	20.00

3. 工资数据

（1）8月初人员工资情况。

正式人员工资情况如下表：

姓名	基本工资	奖励工资
肖义	5 000.00	500.00
陈力	3 000.00	300.00
王梅	2 000.00	200.00
马杰	2 500.00	200.00
王丽	4 500.00	450.00
孙键	3 000.00	300.00
白雪	3 000.00	300.00
李平	2 000.00	200.00
周月	4 500.00	450.00
孟强	3 500.00	350.00

临时人员工资情况如下：

姓名	日期	数量
罗江	2014-08-31	200
刘青	2014-08-31	220

（2）8月工资变动情况。

考勤情况：王丽请假4天；白雪请假2天。

人员调动情况：因需要，决定招聘李力（编号213）到采购部担任经营人员，以补充力量，其基本工资2 000元，无奖励工资，代发工资银行账号：20130080011。

发放奖金情况：因去年销售部推广产品业绩较好，每人增加奖励工资600元。

4. 代扣个人所得税

个税免征额即扣税基数为3 500元。外籍人士个税减免费用为4 800元。

2012 年开始实行的 7 级超额累进个人所得税税率表

级数	全月应纳税所得额	税率（%）	速算扣除数
1	不超过 1 500	3	0
2	超过 1 500 元至 4 500 元的部分	10	105
3	超过 4 500 元至 9 000 元的部分	20	555
4	超过 9 000 元至 35 000 元的部分	25	1 005
5	超过 35 000 元至 55 000 元的部分	30	2 755
6	超过 55 000 元至 80 000 元的部分	35	5 505
7	超过 80 000 元的部分	45	13 505

5. 工资分摊

应付工资总额等于工资项目"实发合计"，工会经费、职工教育经费、养老保险金也以此为计提基数。

工资费用分配的转账分录如下表。

部门	工资分摊	应付工资 借方科目	应付工资 贷方科目	工会经费 2% 借方科目	工会经费 2% 贷方科目	职工教育附加费 2.5% 借方科目	职工教育附加费 2.5% 贷方科目
总经理办公室 财务部	企业管理人员	660201	221101		221103		221104
采购部、销售部	经营人员	6601	221101	660207	221103	660207	221104
一车间	车间管理人员	510101	221101		221103		221104
一车间	生产人员	510102	221101		221103		221104

【实验要求】

以账套主管"陈力"的身份进行工资业务处理。

【操作指导】

1. 在企业应用平台中启用薪资管理系统

（1）执行"开始"｜"程序"｜"用友 ERP – U8"｜"企业应用平台"命令，打开"登录"对话框。

（2）输入操作员"001 陈力"，在"账套"下拉框中选择"008 北京明天科技有限公司"更改操作日期"2014 – 08 – 01"单击"确定"按钮，进入企业应用平台。

（3）执行"基础设置"｜"基本信息"｜"系统启用"命令，打开"系统启用"对话框；

选中"WA 薪资管理"复选框，弹出"日历"对话框，选择薪资管理系统启用日期为 2014 – 08 – 01；单击"确定"按钮，系统弹出"确实要启用当前系统吗？"信息提示对话框，单击"是"按钮返回。

(4) 同理启用"PR 计件工资"模块。

(5) 进入企业应用平台,打开"业务工作"选项卡,选择"人力资源"中的"薪资管理"选项,打开"建立工资账套"对话框。

2. 建立工资账套

(1) 在建账第 1 步"参数设置"中,如图 5-2 所示,选择本账套所需处理的工资类别个数"多个",默认币别名称为"人民币",单击"下一步"按钮。

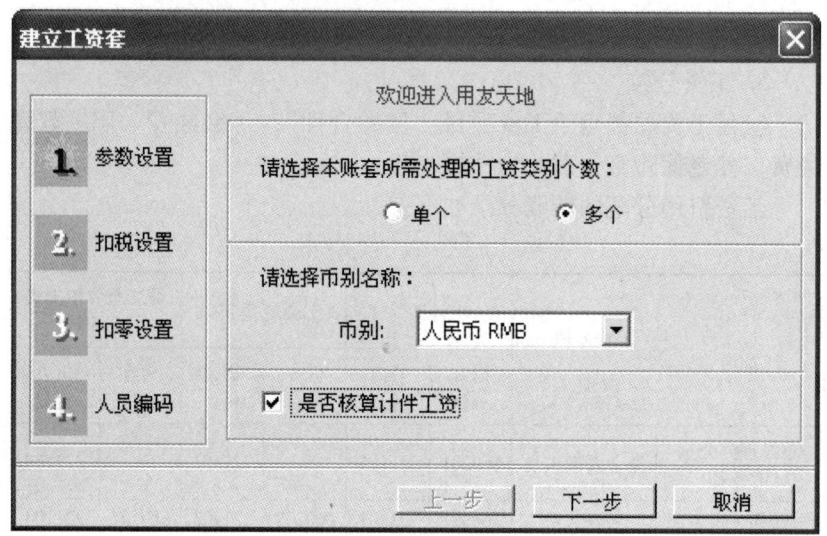

图 5-2 参数设置

注意:

◆ 本例中对正式人员和临时人员分别进行核算,所以工资类别应选择"多个"。

◆ 计件工资是按计件单价支付劳动报酬的一种形式。由于对计时工资和计件工资的核算方法不同,因此在薪资管理系统中对企业是否存在计件工资特别设置了确认选项。该选项中,系统自动在工资项目设置中显示"计件工资"项目;在人员档案中"核算计件工资"项目可选。

(2) 在建账第 2 步"扣税设置"中,选中"是否从工资中代扣个人所得税"复选框,单击"下一步"按钮。

注意:选择代扣个人所得税后,系统将自动生成工资项目"代扣税",并自动进行代扣税金的计算。

(3) 在建账第 3 步"扣零设置"中,不做选择,直接单击"下一步"按钮。

注意：

◆ 扣零处理是指每次发放工资时零头扣下，积累取整，于下次工资发放时补上，系统在计算工资时将依据扣零类型（扣零至元、扣零至角、扣零至分）进行扣零计算。

◆ 用户一旦选择了"扣零处理"，系统自动在固定工资项目中增加"本月扣零"和"上月扣零"两个项目，扣零的计算公式将由系统自动定义，无须设置。

（4）在建账第 4 步"人员编码"中，系统要求和公共平台中的人员编码保持一致。

（5）单击"完成"按钮。

注意：建账完成后，部分建账参数可在"设置"｜"选项"中进行修改。

3. 基础信息设置

■ 工资项目设置

（1）执行"设置"｜"工资项目设置"命令，打开"工资项目设置"对话框。如图 5-3 所示。

（2）单击"增加"按钮，工资项目列表中增加一空行。

（3）单击"名称参照"下拉列表框，从下拉列表中选择"基本工资"选项。

（4）双击"类型"栏，单击下拉列表，从下拉列表中选择"数字"选项。

（5）"长度"采用系统默认值"8"。双击"小数"栏，单击微调框的上三角按钮，将小数设置为"2"。

（6）双击"增减项"栏，从下拉列表中选择"增项"选项。

（7）单击"增加"按钮，增加其他工资项目。

（8）单击"确认"按钮，出现系统提示"工资项目已经变动，请确认各工资类别的公式是否正确？"信息对话框，单击"确定"按钮（见图 5-3）。

注意：系统提供若干常用工资项目供参考，可选择输入。对于参照中未提供的工资项目，可以双击"工资项目名称"一栏直接输入，或先从"名称参照"中选择一个项目，然后单击"重命名"按钮修改为需要的项目。

■ 银行设置

（1）在企业应用平台的基础设置中，执行"基础档案"｜"收付结算"｜"银行档案"命令，打开"银行档案"对话框。

（2）单击"增加"按钮，增加"工商银行中关村分处理（01001）"，默认账号为"定长"，输入账号长度为"11"。

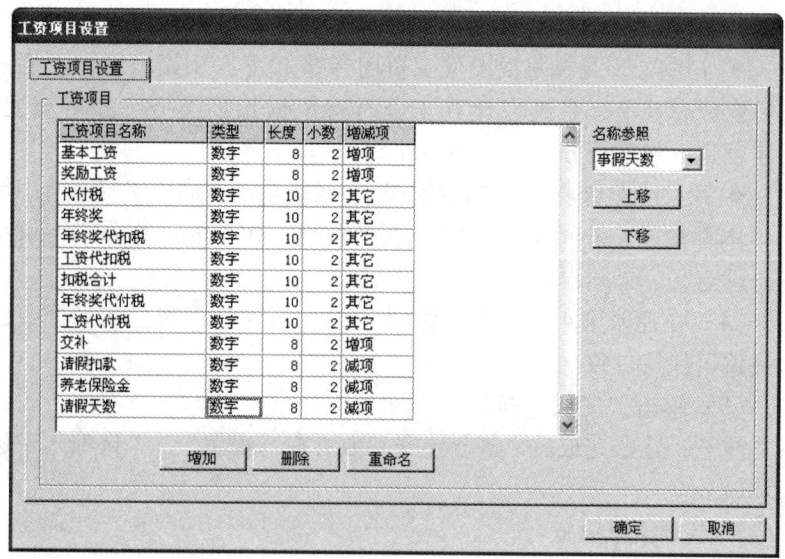

图 5-3 工资项目设置

(3) 单击"返回"按钮。

■ 建立工资类别

建立"正式人员"工资类别：

(1) 在薪资管理系统中，执行"工资类别"|"新建工资类别"命令，打开"新建工资类别"对话框。

(2) 在文本框中输入第 1 个工资类别"正式人员"，单击"下一步"按钮。

(3) 选中"选定全部部门"复选框。

(4) 单击"完成"按钮，弹出系统提示"是否以 2014-08-01 为当前工资类别的启用日期？"信息对话框，单击"是"按钮，返回薪资管理系统。

(5) 执行"工资类别"|"关闭工资类别"命令，关闭"正式人员"工资类别。

建立"临时人员"工资类别：

(1) 执行"工资类别"|"新建工资类别"命令，打开"新建工资类别"对话框。

(2) 在文本框中输入第 2 个工资类别"临时人员"，单击"下一步"按钮。

(3) 单击鼠标，选取制造中心及其下属部门。

(4) 单击"完成"按钮，弹出系统提示"是否以 2014-08-01 为当前工资类别的启用日期？"信息对话框，单击"是"按钮，返回工资管理系统。

(5) 执行"工资类别"|"关闭工资类别"命令,关闭"临时人员"工资类别。

4. "正式人员"工资类别初始设置

■ 打开工资类别

(1) 执行"工资类别"|"打开工资类别"命令,打开"打开工资类别"对话框。

(2) 选择"001 正式人员"工资类别,单击"确定"按钮。

■ 设置人员档案

(1) 执行"企业应用平台"|"基础档案"|"机构人员"|"人员档案"命令,增加"周月""孟强"两位职工。

(2) 执行"设置"|"人员档案"命令,进入"人员档案"窗口。

(3) 单击工具栏中的"批增"按钮,打开"人员批量增加"对话框。

(4) 在左侧的"人员类别"列表框中,单击"企业管理人员""经营人员""车间管理人员""生产人员"前面的选择栏,出现"是",所选人员类别下的人员档案出现在右侧列表框中。单击"确定"按钮返回。

(5) 修改人员档案信息,补充输入银行账号信息,去掉核算计件工资选项。最后单击工具栏上的"退出"按钮。

■ 选择工资项目

(1) 执行"设置"|"工资项目设置"命令,打开"工资项目设置"对话框。

(2) 打开"工资项目设置"选项卡,单击"增加"按钮,工资项目列表中增加一空行。

(3) 单击"名称参照"下拉列表框,从下拉列表中选择"基本工资"选项,工资项目名称、类型、长度、小数、增减项都自动带出,不能修改。

(4) 单击"增加"按钮,增加其他工资项目并排序。

(5) 所有项目增加完成后,利用"工资项目设置"对话框上的▼和▲箭头按钮,按照实验资料所给顺序调整工资项目的排列位置。

注意:工资项目不能重复选择。没有选择的工资项目不允许在计算公式中出现。不能删除已输入数据的工资项目和已设置计算公式的工资项目。

■ 设置计算公式

设置公式"请假扣款 = 请假天数 × 80"。

(1) 在"工资项目设置"对话框中打开"公式设置"选项卡。

(2) 单击"增加"按钮,在工资项目列表中增加一空行,单击该行,在下拉列表中选择"请假扣款"选项。

(3)单击"公式定义"文本框,单击工资项目列表中的"请假天数"。

(4)单击运算符"*",在"*"后单击,输入数字"80",单击"公式确认"按钮。

设置公式:交补=iff(人员类别="企业管理人员"or 人员类别="企业管理人员",300,100)。

(1)单击"增加"按钮,在工资项目类别列表中增加一空行,单击该行,在下拉列表中选择"交补"选项。

(2)单击"公式定义"文本框,再单击"函数公式向导输入"按钮,打开"函数向导—步骤之1"对话框。

(3)从"函数名"列表中选择"iff",单击"下一步"按钮,打开"函数向导—步骤之2"对话框,如图5-4所示。

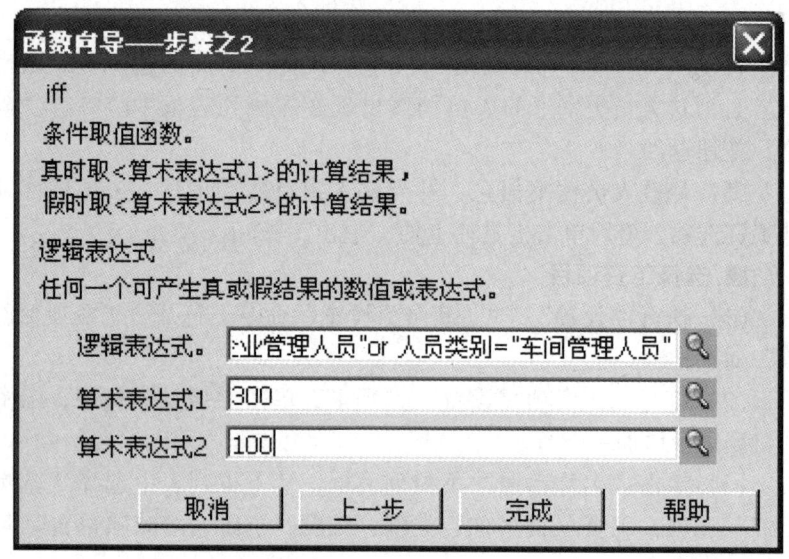

图5-4 函数向导

(4)单击"逻辑表达式"参照按钮,打开"参照"对话框,从"参照"下拉列表中选择"人员类别"选项,从下面的列表中选择"企业管理人员",单击"确定"按钮。

(5)在"逻辑表达式"文本框中的公式后单击鼠标,输入"or"后,再次单击"逻辑表达式"参照按钮,出现"参照"对话框,从"参照"下拉列表中选择"人员类别"选项,从下面的列表中选择"车间管理人员",单击"确认"按钮,返回"函数向导—步骤之2"对话框。

注意:在"or"前后应有空格。

(6) 在"算数表达式 1"后的文本框中输入"300",在"数学表达式 2"后的文本框中输入"100",单击"完成"按钮,返回"公式设置"窗口,单击"公式确认"按钮。

(7) 自行设置养老保险金的计算公式。

(8) 单击"确认"按钮,退出公式设置。

■ 设置所得税纳税基数

(1) 执行"设置"|"选项"命令,打开"选项"对话框,单击"编辑"按钮。

(2) 打开"扣税设置"选项卡,单击"税率设置"按钮,打开"个人所得税申报表——税率表"对话框。

(3) 单击工具栏中的"税率表"按钮,修改所得税纳税基数为"3 500",附加费用"1 300"。

(4) 选择税率表中的第九行,单击"删除"按钮,系统弹出"是否删除最末级税率级次?"信息提示对话框,单击"是"按钮,同理删除税率表中的第八行,然后按照实验资料所给的税率表逐行修改应纳税所得额上限、税率和速算扣除数。如图 5-5 所示。

(5) 单击"确定"按钮返回(见图 5-5)。

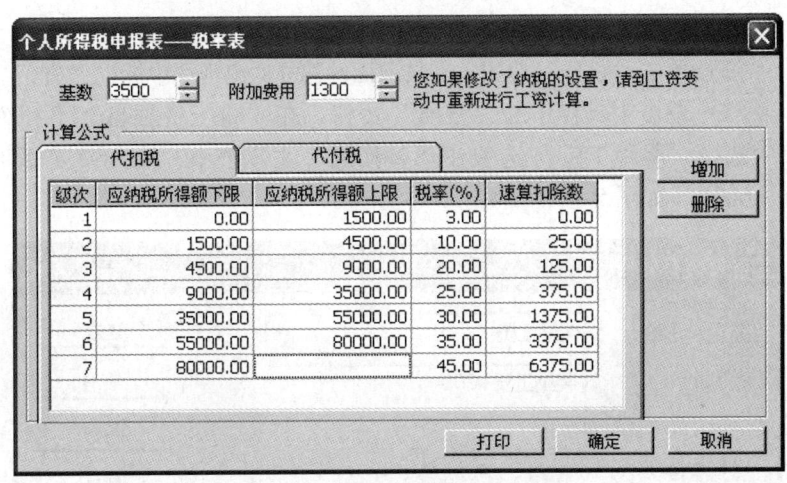

图 5-5 个人所得税申报表——税率表

5. "正式人员"工资类别日常业务

■ 人员变动

(1) 在企业应用平台中,执行"基础设置"|"基础档案"|"人员档案"命令,进入"人员档案"窗口。

(2) 单击"增加"按钮,输入新增加人员李力的详细档案资料。

(3) 单击"确认"按钮,返回人员档案窗口,单击工具栏中的

"退出"按钮。

（4）在薪资管理系统正式人员的工资类别中标，选择"设置"｜"人员档案"命令，增加李力档案资料。

■ 输入正式人员基本工资数据

（1）执行"业务处理"｜"工资变动"命令，进入"工资变动"窗口。

（2）在"过滤器"下拉列表中选择"过滤设置"，打开"项目过滤"对话框。

（3）选择"工资项目"列表中的"基本工资"和"奖励工资"，单击" > "按钮，将这两项选入"已选项目"列表框中。

（4）单击"确认"按钮，返回"工资变动"窗口，此时每个人的工资项目只显示两项。

（5）输入"正式人员"工资类别的工资数据。

注意：这里只需输入没有进行公式设定的项目，如基本工资、奖励工资和请假天数，其余各项由系统根据计算公式自动计算生成。

（6）在"过滤器"下拉列表中选择"所有项目"选项，屏幕上显示所有工资项目。

■ 输入正式人员工资变动数据

（1）输入考勤情况：王丽请假4天，白雪请假2天。

（2）单击"全选"按钮，人员前面的选择栏出现选中标记"¥"。

（3）单击工具栏中的"替换"按钮，在"将工资项目"下拉列表中选择"奖励工资"选项在"替换成"文本框中，输入"奖励工资+600"，如图5-6所示。

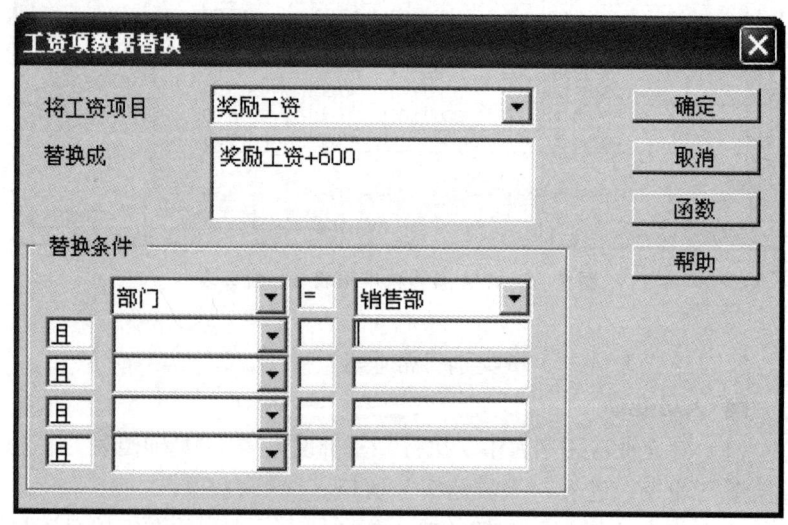

图5-6 工资项数据替换

(4) 在"替换条件"文本框分别选择:"部门"、"="、"销售部",单击"确定"按钮,弹出系统提示"数据替换后将不可恢复。是否继续?"信息对话框,单击"是"按钮,系统提示:"2条件记录被替换,是否重新计算?"信息对话框,单击"是"按钮,系统自动完成工资计算。

■ **数据计算与汇总**

(1) 在"工资变动"窗口中,单击工具栏中的"重新计算"按钮,计算工资数据。

(2) 单击工具栏中的"汇总"按钮,汇总工资数据。

(3) 单击工具栏中的"退出"按钮,退出"工资变动"窗口。

■ **查看个人所得税**

(1) 执行"业务处理"|"扣缴个人所得税"命令,打开"个人所得税申报模板"对话框。

(2) 选择"北京"地区,"扣缴个人所得税报表",单击"打开"按钮,打开"所得税申报"对话框,单击"确定"按钮,进入"北京扣缴个人所得税报表"窗口。

6. "正式人员"类别工资分摊

■ **工资分摊类型设置**

(1) 执行"业务处理"|"工资分摊"命令,打开"工资分摊"对话框。

(2) 单击"工资分摊设置"按钮,打开"分摊类型设置"对话框。

(3) 单击"增加"按钮。打开"分摊计提比例设置"。

(4) 输入计提类型名称为"应付工资"、单击"下一步"按钮,打开"分摊构成设置"对话框。

(5) 按实验资料内容进行设置。返回"分摊类型设置"对话框,继续设置工会经费、职工教育经费等分摊计提项目。

■ **分摊工资费用**

(1) 执行"业务处理"|"工资分摊"命令,打开"工资分摊"对话框。

(2) 选择需要分摊的计提费用类型,确定分摊计提的月份为"2014-08"。

(3) 选择核算部门:管理中心、供销中心、制造中心。

(4) 选中:"明细到工资项目"复选框。

(5) 单击"确定"按钮,打开"应付工资一览表"对话框,如图5-7所示。

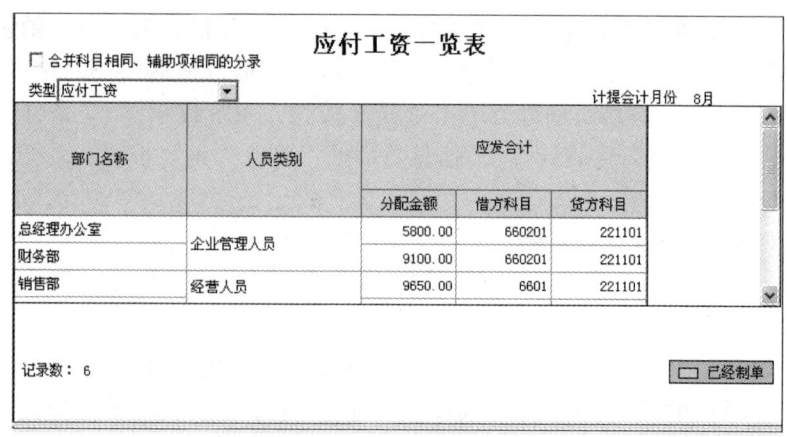

图 5-7　应付工资一览表

（6）选中"合并科目相同、辅助项相同的分录"复选框，单击工具栏上的"制单"按钮，及生成记账凭证。

（7）单击凭证左上角的"字"位置，选择"转账凭证"，输入附单据数；单击"保存"按钮，凭证左上角出现"已生成"字样，代表该凭证已传递到总账，如图 5-8 所示。

注意：项目核算科目选择"普通打印纸——A4"项目。

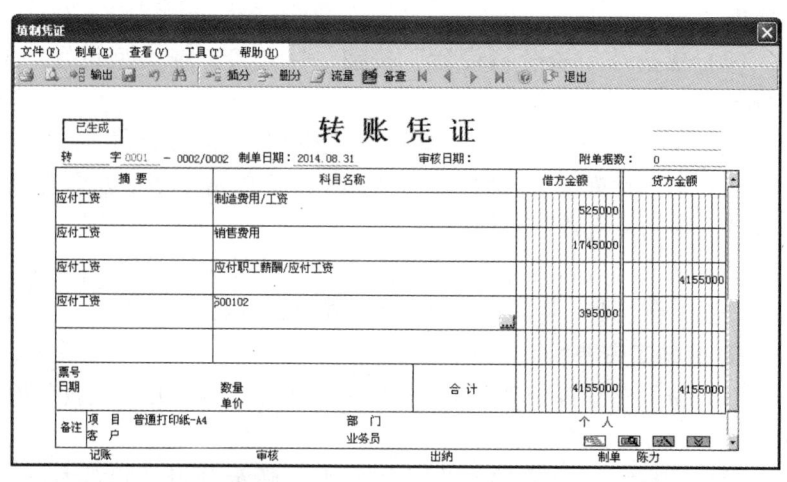

图 5-8　分摊工资项目生成凭证

（8）单击工具栏中的"退出"按钮，返回。

7. 临时人员工资处理

注意：由于教学软件的缺陷，需先进行下面操作，才能够保存工序。

在完成正式人员工资数据的处理后，打开临时人员工资类别，参照正式人员工资类别初始设置及数据处理方式完成临时人员工资处理（见图5-9）。

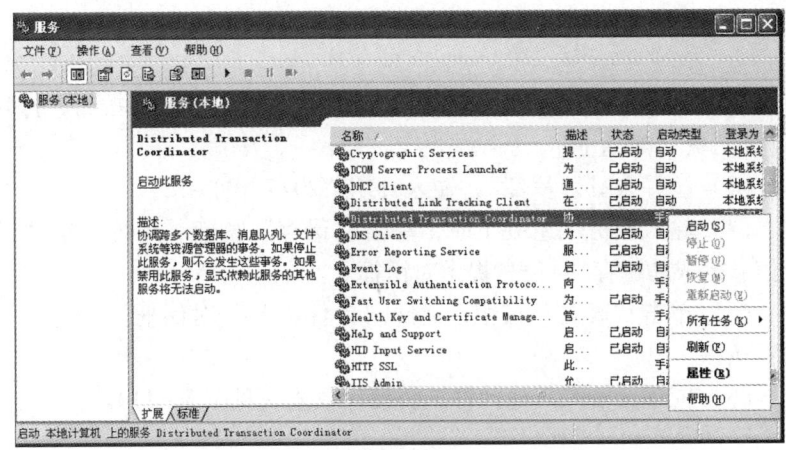

图5-9 计件工资预先设置

■ 人员档案设置

按实验资料首先在"企业应用平台"|"基础档案"|"人员档案"中，增加临时人员档案，然后在薪资管理系统临时人员工资类别中，设置发放工资人员的其他必要信息。

注意：设置"核算计件工资"标志。

■ 计件要素设置

(1) 在计件工资中，执行"设置"|"计件要素设置"命令，打开"计件要素设置"对话框。

(2) 查看是否包括"工序"计件要素并为"启用"状态。

■ 工序设置

(1) 在基础档案设置中，执行"生产制造"|"标注工序资料维护"命令，进入"标准工序资料维护"对话框。

(2) 单击"增加"按钮，增加"组装"和"检验"两种工序。

■ 计件工价设置

(1) 在计件工资中，执行"设置"|"计件工价设置"命令，进入"计件工价设置"窗口。

(2) 单击"增加"按钮，按实验资料输入计件工价。

■ 计件工资统计

(1) 在计件工资中，执行设置，执行"个人计件"|"计件工资录入"命令，进入"计件工资录入"窗口（见图5-10）。

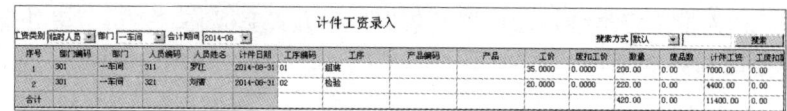

图5-10 计件工资录入

（2）选择部门"一车间"，单击工具栏上的"增加"按钮，打开"计件工资"对话框。

（3）选择人员"罗江"，输入日期"2014-08-31"。

（4）输入该员工组装工时，单击"保存"按钮。系统弹出"设置信息已成功保存！"信息提示对话框。

（5）单击"确定"按钮，返回"计件工资"对话框，单击"关闭"按钮。

（6）同理，输入其他计件工资统计数据（见图5-11）。

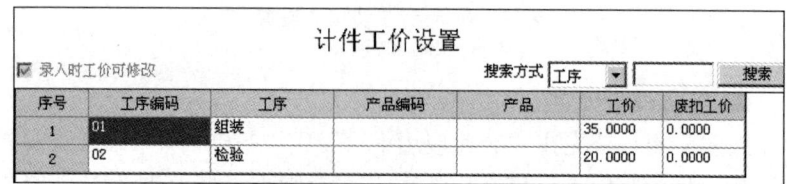

图5-11 计件工价设置

■ 工资变动处理

（1）在"业务处理"｜"扣缴所得税"中设置扣税基数及税率表。

（2）在"业务处理"｜"工资变动"中进行工资变动处理。

（3）在"业务处理"｜"工资分摊"中进行工资分摊设置及工资分摊处理。

8. 汇总工资类别

（1）执行"工资类别"｜"关闭工资类别"命令。

（2）执行"维护"｜"工资类别汇总"命令，打开"选择工资类别"对话框。

（3）选择要汇总的工资类别，单击"确定"按钮，完成工资类别汇总。

（4）执行"工资类别"｜"打开工资类别"命令，打开"选择工资类别"对话框。

（5）选择"998汇总工资类别"，单击"确认"按钮，查看工资类别汇总后的各项数据。

注意：

◆ 该功能必须在关闭所有工资类别时才可以使用。

◆ 所选工资类别中必须有汇总月份的工资数据。

◆ 如果是第一次进行工资类别汇总，需在汇总工资类别中设置工资项目计算公式。如果每次汇总的工资类别一致，则公式无须重新设置。如果与上一次所选择的工资类别不一致，则须重新设置计算公式。

◆ 汇总工资类别不能进行月末结算和年末结算。

9. 账表查询

查看工资分钱清单、个人所得税扣缴申报表、各种工资表。

10. 月末处理

（1）执行"业务处理"｜"月末处理"命令，打开"月末处理"对话框。单击"确定"按钮，弹出系统提示"月末处理之后，本月工资将不许变动，继续月末处理吗？"信息对话框，单击"是"按钮。系统继续提示"是否选择清零项？"信息对话框，单击"是"按钮，打开"选择清零项目"对话框。

（2）在"请选择清零项目"列表中，单击鼠标选择"请假天数"、"请假扣款"和"奖励工资"，单击"＞"按钮，将所选项目移动到右侧的列表框中。

（3）单击"确定"按钮，弹出系统提示"月末处理完毕！"信息对话框，单击"确定"按钮返回。

（4）以此类推，完成"临时人员"工资类别月末处理。

注意：

◆ 月末结转只有在会计年度的 1~11 月进行。

◆ 如果是处理多个工资类别，则应打开工资类别，分别进行月末结算。

◆ 如果本月工资数据未汇总，系统将不允许进行月末结转。

◆ 进行期末处理后，当月数据将不再允许变动。

◆ 月末处理功能只有主管人员才能执行。

第六章
固定资产管理

学习目标
- 了解固定资产管理系统的主要功能、固定资产管理系统与 ERP 其他系统间的数据关系
- 熟悉固定资产管理系统的操作流程
- 理解固定资产管理系统初始化的工作内容
- 掌握如何利用固定资产管理系统进行企业固定资产的日常管理
- 掌握在固定资产管理系统中进行各种信息查询的方法

第一节 系统概述

一、功能概述

固定资产是企业资产的重要组成部分，固定资产管理是否完善、核算是否正确，不仅关系到企业资产的安全性，而且也影响到成本、费用乃至利润计算的正确性。用友 ERP–u8 管理软件中的固定资产管理系统主要用于完成企业固定资产日常业务的核算和管理，生成固定资产卡片，按月反映固定资产的增加、减少、原值变化及其他变动，并输出相应的增减变动明细账，按月自动计提折旧，生成折旧分配凭证，同时输出一些同设备管理相关的报表和账簿。

二、固定资产管理系统与其他系统的主要关系

固定资产管理系统中资产的增加、减少，以及原值和累计折旧的调整、折旧计提都要将有关数据通过记账凭证的形式传输到总账管理

系统；同时通过对账保持固定资产账目与总账的平衡，并可以修改、删除，以及查询凭证。固定资产管理系统为成本核算系统提供计提折旧有关费用的数据。UFO 报表系统也可以通过相应的取数函数从固定资产管理系统中提取分析数据。

三、固定资产管理系统的业务处理流程

固定资产管理系统的业务处理流程如图 6－1 所示。

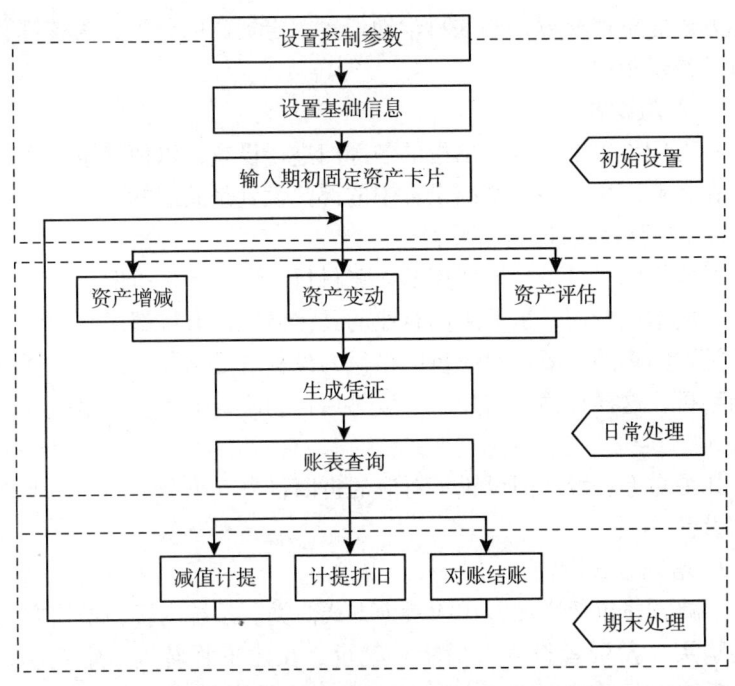

图 6－1　固定资产管理系统的业务处理流程

第二节　固定资产管理系统日常业务处理

一、初始设置

固定资产管理系统初始设置是根据用户单位的具体情况，建立一个适合的固定资产子账套的过程。初始设置包括设置控制参数、设置基础数据、输入期初固定资产卡片。

(一) 设置控制参数

控制参数包括约定与说明、启用月份、折旧信息、编码方式，以及财务接口等。这些参数在初次启用固定资产管理系统时设置，其他参数可以在"选项"中补充。

(二) 设置基础数据

1. 资产类别设置

固定资产的种类繁多，规格不一，要强化固定资产管理，及时准确做好固定资产核算，必须科学地设置固定资产的分类，为核算和统计管理提供依据。

2. 部门设置

在部门设置中，可对单位的各部门进行设置，以便确定资产的归属。在企业应用平台的基础设置中的部门设置是共享的。

3. 部门对应折旧科目设置

对应折旧科目是折旧费用的入账科目。资产计提折旧后必须把折旧归入成本或费用，根据不同企业的具体情况，有按部门归集的，也有按类别归集的。部门对应折旧科目的设置就是给每个部门选择一个折旧科目，这样在输入卡片时，该科目自动添入卡片中，不必一个一个输入。

如果对上一级部门设置了对应的折旧科目，下级部门继承上级部门的设置。

4. 增减方式设置

增减方式包括增加方式和减少方式两类。系统内置的增加方式有直接购买、投资者投入、捐赠、盘盈、在建工程转入、融资租入 6 种。系统内置的减少方式有出售、盘亏、投资转出、捐赠转出、报废、毁损、融资租出 7 种。用友软件系统固定资产的增减方式可以设置两级，也可以根据需要自行增加。

5. 折旧方法设置

折旧方式设置时系统自动计算折旧的基础。系统提供了 6 种折旧方法：不提折旧、工作量法、年数总和法、双倍余额递减法、平均年限法（一）和平均年限法（二），并列出了它们的折旧计算公式。这几种方法是系统默认的折旧方法，只能选用，不能删除和修改。另外可能由于各种原因，这几种方法不能满足需要，为此系统提供了折旧方法的自定义功能。

(三) 输入期初固定资产卡片

固定资产卡片是固定资产核算和管理的基础依据，为保持历史资料的连续性,必须将建账日期以前的数据输入到系统中。原始卡片的输入不限制必须在第一个期间结账前,任何时候都可以录入原始卡片。

二、日常处理

日常处理主要包括资产增减、资产变动、资产评估、生成凭证和账簿管理。

(一) 资产增加

资产增加是指购进或通过其他方式增加的企业资产。资产增加需要输入一张新的固定资产卡片,与固定资产期初余额输入相对应。

资产减少是指资产在使用过程中,会由于各种原因,如毁损、出售、盘亏等而被淘汰,此时要做资产减少处理。资产减少需输入资产减少卡片并说明减少原因。

只有当账套开始计提折旧后才可以使用资产减少的功能,否则减少资产只有通过删除卡片来完成。

对于误减少的资产,可以使用系统提供的纠错功能来恢复。只有当月减少的资产才可以恢复。如果资产减少操作已填制凭证,必须删除凭证后才能恢复。

只要卡片未被删除,就可以通过卡片管理中"已减少资产"来查看减少的资产。

(二) 资产变动

资产的变动包括原值变动、部门转移、使用状况变动、使用年限调整、折旧方法调整、净残值(率)调整、工作总量调整、累计折旧调整、资产类别调整、变动单管理、其他项目的修改,例如名称、编号、自定义项目等的变动可直接在卡片上进行。

资产变动要求输入相应的"变动单"来记录资产调整结果。

1. 原值变动

原值变动包括原值增加和原值减少两部分。资产在使用过程中,其原值增减有五种情况:

根据国家规定对固定资产重新估价,增加补充设备或改良设备,将固定资产的一部分拆除,根据实际价值调整原来的暂估价值,发现原记录固定资产价值有误的。

(1) 部门转移。资产在使用过程中,因内部调配而发生的部门变动应及时处理,否则将影响部门的折旧计算。

(2) 资产使用状况的调整。资产使用状况分为在用、未使用、不需用、停用、封存5种。资产在使用过程中，可能会因为某种原因使资产的使用状况发生变化，这种变化会影响到设备的折旧计算，因此应及时调整。

（3）资产使用年限的调整。资产在使用过程中，可能会由于资产的重估、大修等原因调整资产的使用年限。进行使用年限调整的资产在调整的当月按调整后的年限计提折旧。

（4）资产折旧方法的调整。一般来说，资产折旧计提方法一年内很少改变，但如有特殊情况需调整改变的可以调整。

（5）变动单管理。变动单管理可以对系统制作的变动单进行查询、修改、制单、删除等处理。

注意：用友 ERP – U8 软件的固定资产管理系统中，本月录入的卡片和本月增加的资产不允许进行变动处理，只能在下月进行。

（三）资产评估

用友 ERP – U8 管理系统提供对固定资产评估作业的管理，主要包括如下步骤：

（1）将评估机构的评估数据手工录入或定义公式录入到系统。

（2）根据国家要求手工录入评估结果或根据定义的评估公式生成评估结果。

（3）对评估单的管理。

本系统资产评估功能提供可评估的资产内容包括原值、累计折旧、净值、使用年限、工作总量、净残值率。

（四）资产盘点

用友 ERP – U8 管理系统提供对固定资产盘点的管理，主要包括如下步骤：

（1）在卡片管理中打印输出固定资产盘点单。

（2）在资产盘点中选择按部门或按类别等对固定资产进行盘点，录入盘点数据，与账面上记录的盘点单进行核对，查核资产的完整性。

（3）对盘点单的管理。

（五）生成凭证

固定资产管理系统和总账管理系统之间存在着数据自动传输，这种传输是由固定资产管理系统通过记账凭证向总账管理系统传递有关数据。例如，资产增加、减少，累计折旧调整，以及折旧分配等记账凭证。制作记账凭证可有可以采取"立即制单"或"批量制单"的方法实现。

（六）账簿管理

可以通过系统提供的账表管理功能，及时掌握资产的统计、汇总和其他各方面的信息。账表包括账簿、折旧表、统计表、分析表、自定义报表五类。另外，如果所提供的报表种类不能满足需要，系统还提供了自定义报表功能，可以根据实际要求进行设置。

1. 账簿

系统自动生成的账簿有（单个）固定资产明细账、（部门、类别）明细账、固定资产登记簿、固定资产总账。这些账簿以不同方式，序时地反映了资产变化情况，在查询过程中可联查某时期（部门、类别）明细及相应原始凭证，从而获得所需的财务信息。

2. 折旧表

提供了4种折旧表：（部门）折旧计提汇总表、固定资产折旧计算明细表、固定资产累计折旧表（一）和固定资产累计折旧表（二）。通过该类表可以了解并掌握本企业所有资产本期、本年乃至某部门计提折旧及明细情况。

3. 统计表

统计表是出于管理资产的需要，按管理目的统计的数据。系统提供了6种统计表：固定资产原值一览表、固定资产统计表、评估汇总表、评估变动表、盘盈盘亏报告表和逾龄资产统计表。

4. 分析表

分析表主要通过对固定资产的综合分析，为管理者提供管理和决策依据。系统提供了四种分析表：价值结构分析表、固定资产使用状况分析表、部门构成分析表和类别构成分析表。管理者可以通过这些表了解本企业资产计提折旧的程度和剩余价值的大小。

5. 自定义报表

系统所提供的报表种类不能满足企业需要时，用户还可以自己定义报表。

三、期末处理

固定资产管理系统的期末处理工作主要包括计提减值准备、计提折旧、对账月末结账等内容。

（一）计提减值准备

企业应当在期末或至少在每年年度终止时，对固定资产逐项进行检查，如果由于市价持续下跌，或技术陈旧等原因导致其可回收金额低于账面价值的，应当将可回收金额低于账面价值的差额作为固定资产减值准备，固定资产减值准备必须按单项资产计提。

如已计提的固定资产价值得以恢复，应在原计提的减值准备范围内转回。

（二）计提折旧

自动计提折旧是固定资产管理系统的主要功能之一。可以根据录入系统的资料，利用系统提供的"折旧计提"功能，对各项资产每期计提一次折旧，并自动生成折旧分配表，然后制作记账凭证，将本期的折旧费用自动登账。

当开始计提折旧时，系统将自动计提所有资产当期折旧额，并将当期的折旧额自动累加到累计折旧项目中。计提工作完成后需要进行折旧分配，形成折旧费用，系统除了自动生成折旧清单外，同时还生成折旧分配表，从而完成本期折旧费用登账工作。

系统提供的折旧清单显示了所有应计提折旧资产所计提的折旧数额。

折旧分配表是制作记账凭证，把计提折旧额分配到有关成本和费用的依据，折旧分配表有两种类型：类别折旧分配表和部门折旧分配表。生成折旧分配表由"折旧汇总分配周期"决定，因此，制作记账凭证要在生成折旧分配表后进行。

计提折旧遵循以下原则：

- 在一个期间内可以多次计提折旧，每次计提之后，只是将计提的折旧累加到月初的累计折旧上，不会重复累计。
- 若上次计提折旧已制单并传递到总账管理系统，则必须删除该凭证才能重新计提折旧。
- 计提折旧后，又对账套进行了影响折旧计算或分配的操作，必须重新计提折旧，否则系统不允许结账。
- 若自定义的折旧方法月折旧率或月折旧额出现负数，系统自动中止计提。
- 资产的使用部门和资产折旧要汇总的部门可能不同，为了加强资产管理，使用部门必须是明细部门，而折旧分配部门不一定要分配到明细部门。不同的单位处理可能不同，因此要在计提折旧后、分配折旧费用时做出选择。

（三）对账

当初次启动固定资产的参数设置，或"选项"中的参数设置选择了"与账务系统对账"参数，才可使用本系统的对账功能。

为保证固定资产管理系统的资产价值与总账管理系统中固定资产科目的数值相等，可随时使用对账功能对两个系统进行审查。

（四）月末结账

当固定资产管理系统完成了本月全部制单业务后，可以进行月末结账，月末结账每月进行一次，结账后当期数据不能修改。如有错必须修改，可通过系统提供的"恢复月末结账前状态"功能反结账，再进行相应修改。

由于成本系统每月从本系统提取折旧费数据，因此一旦成本系统提取了某期的数据，则该期不能反结账。

本期不结账，将不能处理下期的数据；结账前一定要进行数据备份，否则数据一旦丢失，将造成无法挽回的后果。

实验七　固定资产管理

【实验目的】

（1）掌握用友 ERP – U8 管理软件中固定资产管理系统的相关内容。

（2）掌握固定资产管理系统初始化、日常业务处理、月末处理的操作。

【实验准备】

引入"实验二"账套数据。

【实验内容】

（1）固定资产管理系统参数设置、原始卡片录入。

（2）日常业务：资产增减、资产变动、资产评估、生成凭证、账表查询。

（3）月末处理：计提减值准备、计提折旧、对账和结账。

【实验资料】

1. 初始设置

（1）控制参数。

控制参数	参数设置
约定与说明	我同意
启用月份	2014 – 08
折旧信息	本账套计提折旧 折旧方法：平均年限法（一） 折旧汇总分配周期：1 个月 当（月初已计提月份 = 可使用月份 – 1）时，将剩余折旧全部提足

续表

控制参数	参数设置
编码方式	资产类别编码方式：2112 固定资产编码方式： 按"类别编码+部门编码+序号"自动编码 卡片序号长度为3
财务接口	与账务系统进行对账 对账科目 固定资产对账科目：固定资产（1601） 累计折旧对账科目：累计折旧（1602）
补充参数	业务发生后立即制单 月末结账前一定要完成制单登账业务 固定资产默认入账科目：1601 累计折旧默认入账科目：1602 减值准备默认入账科目：1605

（2）资产类别。

编码	类别名称	净残值率（%）	单位	计提属性
01	交通运输设备	4		正常计提
011	经营用设备	4		正常计提
012	非经营用设备	4		正常计提
02	电子设备及其他通信设备	4		正常计提
021	经营用设备	4	台	正常计提
022	非经营用设备	4	台	正常计提

（3）部门及对应折旧科目。

部门	对应折旧科目
管理中心、采购部	管理费用/折旧费
销售部	销售费用
制造中心	制造费用/折旧费

（4）增减方式的对应入账科目。

增减方式目录	对应入账科目
增加方式	
直接购入	工行存款（100201）
减少方式	
损毁	固定资产清理（1606）

（5）原始卡片。

固定资产名称	类别编号	所在部门	增加方式	可使用年限（月）	开始使用日期	原值	累计折旧	对应折旧科目名称
轿车	012	总经理办公室	直接购入	72	2013-06-1	215 470.00	37 254.75	管理费用/折旧费
笔记本电脑	022	总经理办公室	直接购入	60	2013-07-1	28 900.00	5 548.80	管理费用/折旧费
传真机	022	总经理办公室	直接购入	60	2013-06-1	3 510.00	1 825.20	管理费用/折旧费
台式机	021	一车间	直接购入	60	2013-07-1	6 490.00	1 246.08	制造费用/折旧费
台式机	021	一车间	直接购入	60	2013-07-1	6 490.00	1 246.08	制造费用/折旧费
合计						260 860.00	47 120.91	

注：净残值率均为4%，使用状况均为"在用"，折旧方法均采用平均年限法（一）。

2. 日常及期末业务

2014年8月发生的业务如下：

（1）8月21日，财务部购买扫描仪一台，价值1 500元，净残值率4%，预计使用年限5年。

（2）8月23日，总经理办公室使用的轿车需要进行大修理，修改固定资产卡片，将使用状况由"在用"修改为"大修理停用"。

（3）8月31日，计提本月折旧费用。

（4）8月31日，一车间毁损台式机一台。

3. 下月业务

2014年9月发生的业务如下：

（1）9月16日，总经理办公室的轿车添置新配件10 000元。

（2）9月27日，总经理办公室的传真机转移到采购部。

（3）9月30日，经核查对2012年购入的笔记本电脑计提1 000元的减值准备。

【实验要求】

以账套主管"陈力"的身份进行固定资产管理操作。

【操作指导】

1. 启用并注册固定资产管理系统

（1）执行"开始"｜"程序"｜"用友ERP-U8"｜"企业应用平台"命令，打开"登录"对话框。

（2）输入操作员"001 陈力"，在"账套"下拉列表框中选择"008 北京明天科技有限公司"，更改操作日期为"2014-08-01"，单击"确定"按钮。

(3) 执行"基础设置"|"基本信息"|"系统启用"命令,打开"系统启用"对话框;选中"FA 固定资产"复选框,弹出"日历"对话框,选择固定资产系统启用日期"2014-08-01";单击"确定"按钮,系统弹出"确定要启用当前系统吗?"信息提示对话框,单击"是"按钮返回。

(4) 在"业务工作"选项卡中,单击"财务会计"|"固定资产"选项,系统弹出"这是第一次打开此账套,还未进行过初始化,是否进行初始化?"信息提示对话框,单击"是"按钮,打开固定资产"初始化账套向导"对话框。

2. 初始设置

■ 设置控制参数

初次启用固定资产管理系统的参数设置。

(1) 在"固定资产初始化向导——约定与说明"对话框中,选择"我同意"。

(2) 单击"下一步"按钮,打开"固定资产初始化向导——启用月份"对话框。

(3) 选择启用月份"2014-08"。

(4) 单击"下一步"按钮,打开"固定资产初始化向导——折旧信息"对话框。

(5) 选中"本账套计提折旧"复选框;选择折旧方法"平均年限法(一)",折旧分配周期"1个月";选中"当月初已计提月份=可使用月份-1时,将剩余折旧全部提足"复选框(见图6-2)。

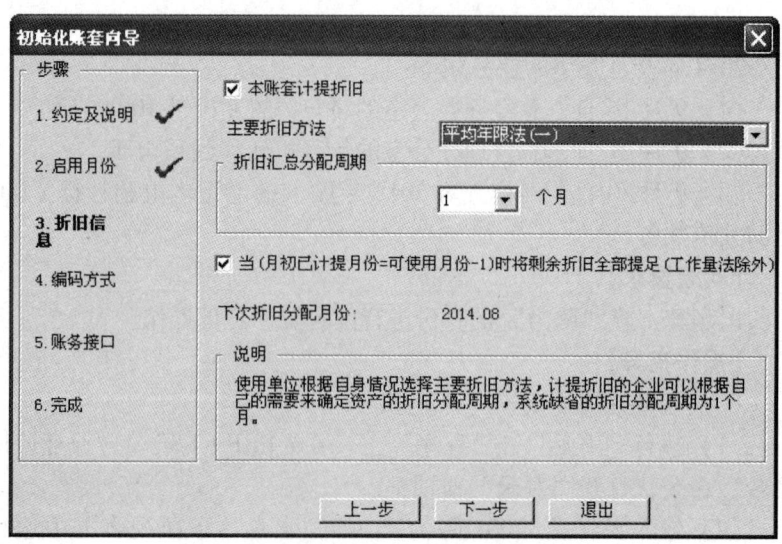

图6-2 折旧信息

(6) 单击"下一步"按钮,打开"固定资产初始化向导——编码方式"对话框。

(7) 确定资产类别编码长度为2112,选择"自动编号"单选按钮,选择固定资产编码方式"类别编号+部门编号+序号",选择序号长度3(见图6-3)。

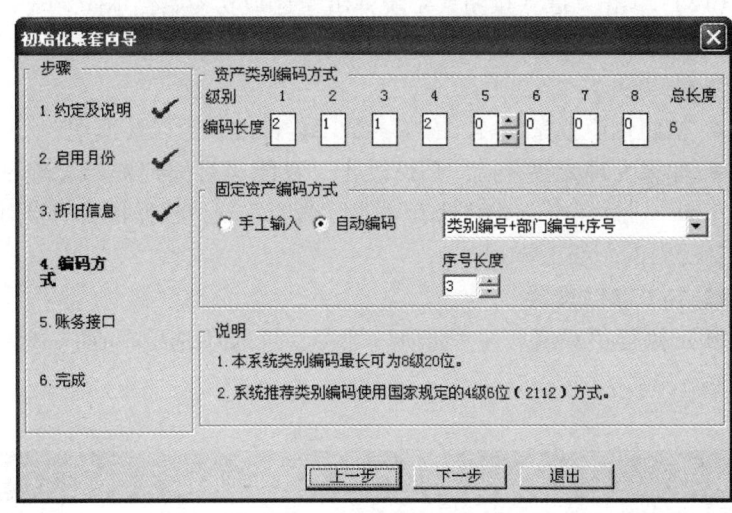

图6-3 编码方式

(8) 单击"下一步"按钮,打开"固定资产初始化向导——财务接口"对话框。

(9) 选中"与财务系统进行对账"复选框;选择固定资产的对账科目"固定资产(1601)",累计折旧的对账科目"累计折旧(1602)"(见图6-4)。

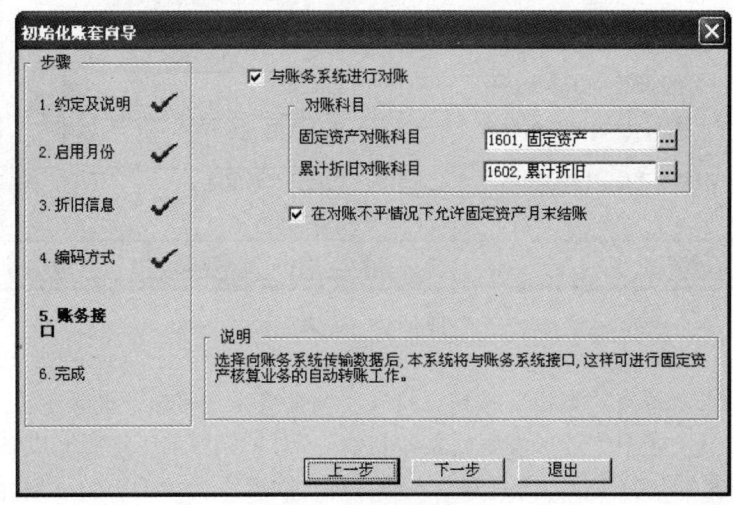

图6-4 账务接口

(10) 单击"下一步"按钮,打开"固定资产初始化向导——完成"对话框。

(11) 单击"完成"按钮,完成本账套的初始化,系统弹出"是否确定所设置的信息完全正确并保存对新账套的所有设置"信息提示对话框。

(12) 单击"是"按钮,系统弹出"已成功初始化本固定资产账套"信息提示对话框,单击"确定"按钮。

注意:

◆ 初始化设置完成后,有些参数不能修改,所以要慎重。

◆ 如果发现参数有错,必须改正,只能通过固定资产管理系统中"工具"|"重新初始化账套功能"命令实现,该操作将清空对该子账套所做的一切工作。

■ 补充参数设置

(1) 执行"设置"|"选项"命令,进入"选项"窗口(见图6-5)。

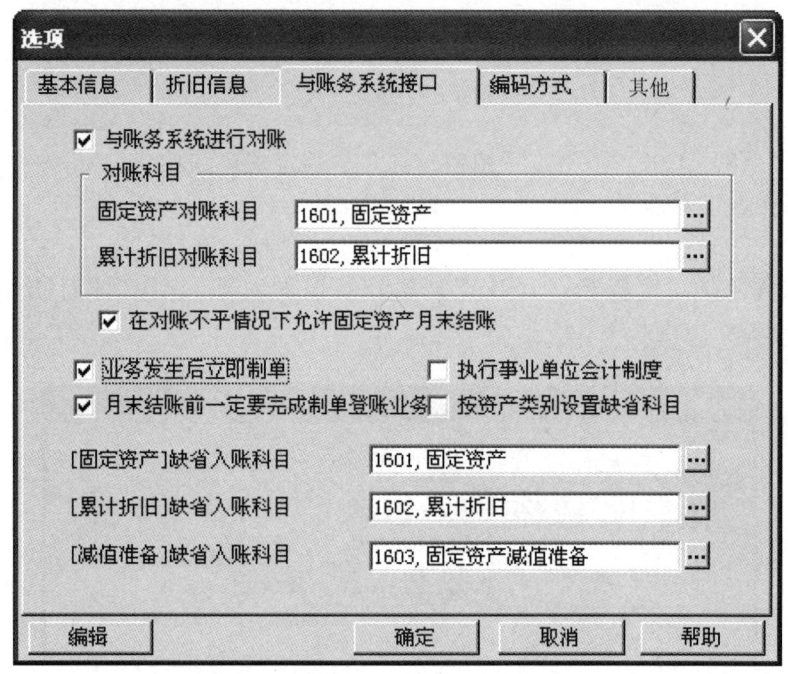

图6-5 选项

(2) 单击"编辑"按钮,打开"与账务系统接口"选项卡。

(3) 选中"业务发生后立即制单""月末结账前一定要完成制单登账业务"复选框,选择默认入账科目"固定资产(1601)""累计折旧(1602)""固定资产减值准备(1603)",单击"确定"按钮。

■ 设置资产类别

(1) 执行"设置"|"资产类别"命令，进入"类别编码表"窗口。

(2) 单击"增加"按钮，输入类别名称"交通运输设备"，净残值率4%；选择计提属性"正常计提"，折旧方法"平均年限法（一）"，卡片样式"通用样式"，单击"保存"按钮。

(3) 同理，完成其他资产类别的设置。

注意：

◆ 资产类别编码不能重复，同一级的类别名称不能相同。

◆ 类别编码、名称、计提属性、卡片样式不能为空。

◆ 已使用过的类别不能设置新下级。

■ 设置部门对应折旧科目

(1) 执行"设置"|"部门对应折旧科目"命令，进入"部门编码表"窗口。

(2) 选择部门"管理中心"，单击"修改"按钮。

(3) 选择折旧科目"管理费用/折旧费（660206）"，单击"保存"按钮，系统弹出"是否将管理中心部门的所在下级部门的折旧科目替换为［折旧费］？"信息提示对话框，单击"是"按钮。替换之后，即可看到管理中心下的总经理办公室、财务部对应折旧科目均修改为"管理费用/折旧费"。

(4) 同理，完成其他部门折旧科目的设置。

■ 设置增减方式的对应科目

(1) 执行"设置"|"增减方式"命令，进入增减方式窗口。

(2) 在左侧列表框中，单击"直接购入"增加方式，单击"修改"按钮。

(3) 输入对应入账科目"工行存款（100201）"，单击"保存"按钮。

(4) 同理，输入减少方式"毁损"的对应入账科目"固定资产清理（1606）"。

注意：当固定资产发生增减变动，系统生成凭证时，会默认采用这些科目。

■ 录入原始卡片

(1) 执行"卡片"|"录入原始卡片"命令，进入"资产类别参照"窗口。

(2) 选择固定资产类别"非经营用设备（012）"，单击"确认"按钮，进入"固定资产卡片录入"窗口。

(3) 输入固定资产名称"轿车"；双击"部门名称"选择"总经理办公室"，双击"增加方式"选择"直接购入"，双击"使用状况”选择“在用”；输入开始使用日期“2013－06－01”；输入原值215 470，累计折旧37 254. 75；输入可使用年限“72月”；其他信息自动算出。

（4）单击“保存”按钮，系统弹出“数据成功保存！”信息提示对话框，单击“确定”按钮。

（5）同理，完成其他固定资产卡片的输入。

（6）执行“处理”｜“对账”命令，系统将固定资产系统录入的明细资料数据汇总并与财务核对，显示与财务对账结果，单击“确定”按钮返回（见图6－6）。

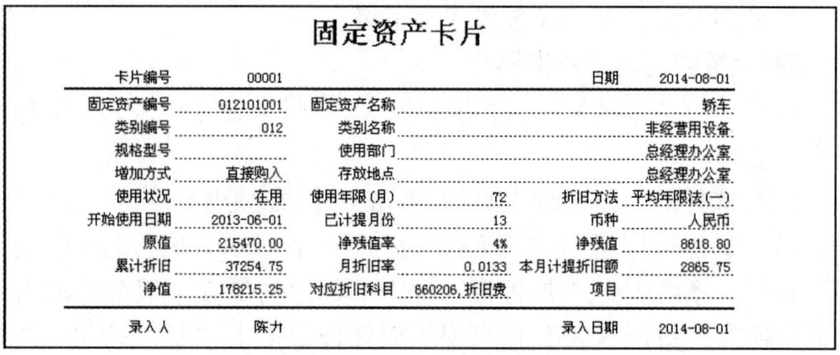

固定资产卡片

卡片编号	00001			日期	2014-08-01
固定资产编号	012101001	固定资产名称			轿车
类别编号	012	类别名称			非经营用设备
规格型号		使用部门			总经理办公室
增加方式	直接购入	存放地点			总经理办公室
使用状况	在用	使用年限(月)	72	折旧方法	平均年限法(一)
开始使用日期	2013-06-01	已计提月份	13	币种	人民币
原值	215470.00	净残值率	4%	净残值	8618.80
累计折旧	37254.75	月折旧率	0.0133	本月计提折旧额	2865.75
净值	178215.25	对应折旧科目	660206,折旧费	项目	
录入人	陈力			录入日期	2014-08-01

图6－6　录入固定资产卡片

注意：

◆ 卡片编号：系统根据初始化时定义的编码方案自动设定，不能修改。如果删除一张卡片，又不是最后一张时，系统将保留空号。

◆ 已计提月份：系统将根据开始使用日期自动算出，但可以修改，请将使用期间停用等不计提折旧的月份扣除。

◆ 月折旧率、月折旧额：与计算折旧有关的项目输入后，系统会按照输入的内容自动算出并显示在相应项目内，可与手工计算的值比较，核对是否有错误。

3. 日常及期末处理

■ **业务1：资产增加**

（1）执行“卡片”｜“资产增加”命令，进入“资产类别参照”窗口。

（2）选择资产类别：“非经营用设备（022）”，单击“确定”按钮，进入“固定资产卡片”窗口。

（3）输入固定资产名称“扫描仪”，双击部门名称弹出“本资产部门使用方式”信息提示对话框；选择“单部门使用”选项，单击“确定”按钮，打开“部门参照”对话框；选择“管理中心/财务部”选项，双击“增加方式”选择“直接购入”，双击“使用状况”

选择"在用",输入原值1 500,可使用年限"60 月",开始使用日期"2014 – 08 – 21"。

(4) 单击"保存"按钮,进入"填制凭证"窗口。

(5) 选择凭证类别"付款凭证",修改制单日期、附件数,单击"保存"按钮,如图6 – 7所示。

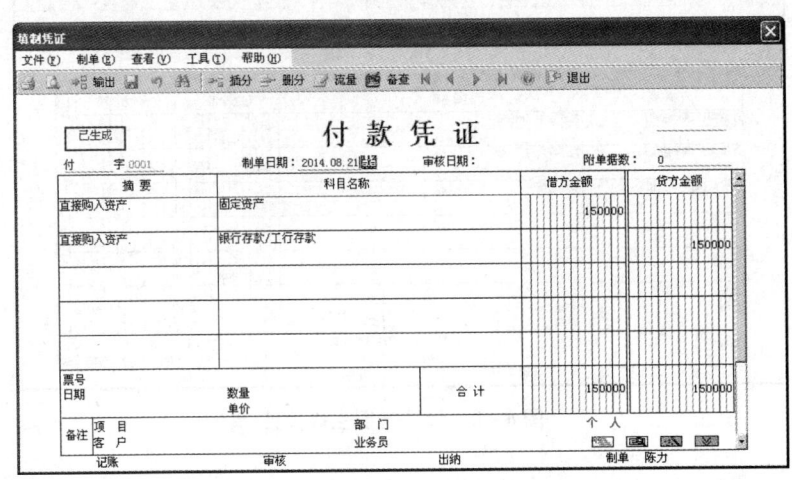

图6 – 7 购入固定资产生成凭证

注意:

◆ 固定资产原值一定要输入卡片录入月月初的价值,否则会出现计算错误。

◆ 新卡片第一个月不提折旧,累计折旧为空或0。

◆ 卡片输入完后,也可以不立即制单,月末可以批量制单。

■ 业务2:修改固定资产卡片

(1) 执行"卡片"|"变动单"|"使用状况调整"命令,进入"固定资产变动单"窗口。

(2) 选择"卡片编号"为00001的卡片,系统自动显示资产编号、开始使用日期、资产名称及变动前使用状况。

(3) 选择变动后使用状态为"大修理停用"。

(4) 变动原因为"大修理"。

(5) 单击"保存"按钮,系统弹出"数据保存成功!"信息提示对话框,单击"确定"按钮。

■ 业务3:折旧处理

(1) 执行"处理"|"计提本月折旧"命令,系统弹出"是否要查看折旧清单?"信息提示对话框,单击"否"按钮。

(2) 系统继续弹出"本操作将计提本月折旧,并花费一定时间,是否要继续?"信息提示对话框,单击"是"按钮。

(3) 系统计提折旧完成后，进入"折旧分配表"窗口；单击"退出"按钮，进入"填制凭证"窗口；选择"转账凭证"类别，修改其他项目，单击"保存"按钮，如图6-8所示。

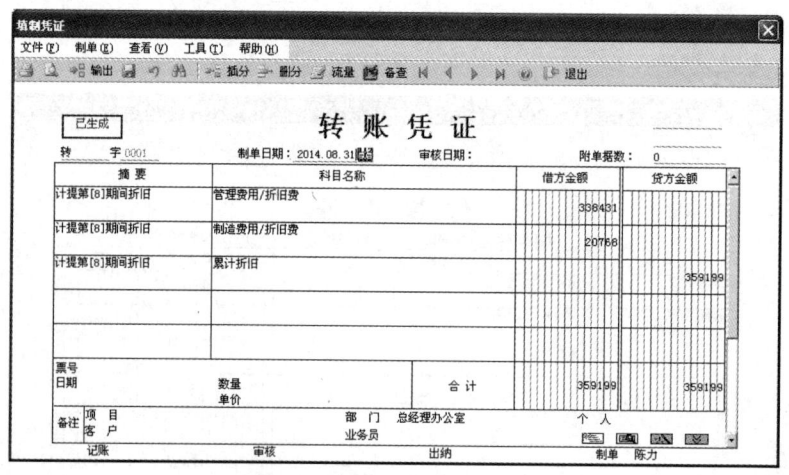

图6-8 计提折旧生成凭证

注意：

◆ 如果上次计提折旧已通过记账凭证把数据传递到账务系统，则必须删除该凭证才能重新计提折旧。

◆ 计提折旧后又对账套进行了影响折旧计算或分配的操作，必须重新计提折旧，否则系统不允许结账。

■ **业务4：资产减少**

(1) 执行"卡片"|"资产减少"命令，进入"资产减少"窗口。

(2) 选择卡片编号00004，单击"增加"按钮。

(3) 选择减少方式为"毁损"，单击"确定"按钮，进入"填制凭证"窗口。

(4) 选择"转账凭证"类别，修改其他项目，单击"保存"按钮。

注意：

◆ 本账套需要进行计提折旧后，才能减少资产。

◆ 如果要减少的资产较少或没有共同点，则通过输入资产编号或卡片号，单击"增加"按钮，将资产添加到资产减少表中。

◆ 如果要减少的资产较多并且有共同点，则通过单击"条件"按钮，输入一些查询条件，将符合该条件的资产挑选出来进行批量减少操作。

■ **总账系统处理**

(1) 固定资产管理系统生成的凭证自动传递到总账管理系统，在总账管理系统中，对传递过来的凭证进行审核和记账。

(2) 以出纳"王梅"的身份登录总账管理系统,进行出纳签字。

(3) 以会计"马杰"的身份登录总账,进行审核记账。

注意:只有总账管理系统记账完毕,固定资产管理系统期末才能和总账进行对账工作。

■ 账表管理

(1) 执行"报表"|"账表管理"命令,进入"固定资产报表"窗口。

(2) 单击"折旧表",选择"(部门)折旧计提汇总表"。

(3) 单击"打开"按钮,打开"条件"对话框。

(4) 选择期间"2014–08",汇总部门"1—3",单击"确定"按钮。

■ 对账

(1) 执行"处理"|"对账"命令,系统弹出"与财务对账结果"信息提示对话框,如图6–9所示。

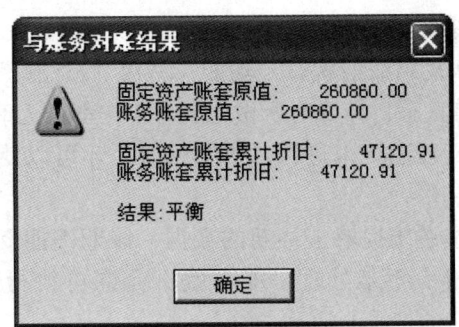

图6–9 对账

(2) 单击"确定"按钮。

注意:

◆ 当总账记账完毕,固定资产系统才可以进行对账。对账平衡,开始月末结账。

◆ 如果在初始设置时,选择了"与账务系统对账"功能,对账的操作将不限制执行时间,任何时候都可以进行对账。

◆ 如果在"财务接口"中选中"在对账不平情况下允许固定资产月末结账"复选框,则可以直接进行月末结账。

■ 结账

(1) 执行"处理"|"月末结账"命令,打开"月末结账"对话框。

(2) 单击"开始结账"按钮,系统弹出"月末结账成功完成!"信息提示对话框。

（3）单击"确定"按钮。

注意：

◆ 本会计期间做完月末结账工作后，所有数据资料将不能再进行修改。

◆ 本会计期间不做完月末结账工作，系统将不允许处理下一个会计期间的数据。

◆ 月末结账前一定要进行数据备份，否则数据一旦丢失，将造成无法挽回的后果。

■ 取消结账

（1）执行"处理"｜"恢复月末结账前状态"命令，系统弹出"是否继续？"信息提示对话框。

（2）单击"是"按钮，系统弹出"成功恢复月末结账前状态！"信息提示对话框。

（3）单击"确定"按钮。

注意：

◆ 如果在结账后发现结账前操作有误，必须修改结账前的数据，则可以使用"恢复结账前状态"功能，又称"反结账"，即将数据恢复到月末结账前状态，结账时所做的所有工作都被无痕迹删除。

◆ 在总账管理系统未进行月末结账时，才可以使用"恢复结账前状态"功能。

◆ 一旦成本系统提取了某期的数据，该期不能反结账。如果当前的账套已经做了年末处理，那么就不允许再执行恢复月初状态功能。

4. 下月业务

■ 业务5：资产原值变动

（1）修改系统日期为"2014年9月"。

（2）以"陈力"身份，"2014年9月"日期登录固定资产管理系统。

（3）执行"卡片"｜"变动单"｜"原值增加"命令，进入"固定资产变动单"窗口。

（4）输入卡片编号00001，输入增加金额10 000，输入变动原因"增加配件"。

（5）单击"保存"按钮，进入"填制凭证"窗口。

（6）选择凭证类型"付款凭证"，填写修改其他项目，单击"保存"按钮。

注意：

◆ 资产变动主要包括原值变动、部门转移、使用状况变动、使用年限调整、折旧方法调整、净残值（率）调整、工作总量调整、累计折旧调整、资产类别调整等。系统对已做出变动的资产，要求输入相应的变动单来记录资产调整结果。

◆ 变动单不能修改，只有当月可删除重做，所以请仔细检查后再保存。

◆ 必须保证变动后的净值大于变动后的净残值。

■ 业务6：资产部门转移

（1）执行"卡片"｜"变动单"｜"部门转移"命令，进入"固定资产变动单"窗口。

（2）输入卡片编号00003，双击"变动后部门"选择"采购部"，输入变动原因"调拨"。

（3）单击"保存"按钮。

■ 业务7：计提减值准备

（1）执行"卡片"｜"变动单"｜"计提减值准备"命令，进入"固定资产变动单"窗口。

（2）输入卡片编号00002，输入减值准备金额1 000，输入减值原因"技术进步"。

（3）单击"保存"按钮，进入"填制凭证"窗口。

（4）选择凭证类别"转账凭证"，填写修改其他项目，单击"保存"按钮。

计提减值准备生成以下凭证：

借：管理费用/其他
　　贷：固定资产减值准备

第七章
应收应付款管理

学习目标
- 了解应收款管理系统的主要功能、应收款管理系统与 ERP 其他系统间的数据关系
- 熟悉应收款管理系统的操作流程
- 理解应收款管理系统初始化的工作内容
- 掌握应收处理、收款处理、票据处理的方法
- 掌握在营收款管理系统中进行各种信息查询的方法

第一节 系统概述

应收款管理系统主要用于核算和管理客户往来款项。应付款管理系统主要用于核算和管理供应商往来款项。应收应付从初始设置、系统功能、系统应用方案、业务流程上都极为相似，因此，本章主要介绍应收款管理。

一、功能概述

应收款管理系统以发票、费用单、其他应收单等原始单据为依据，记录销售业务及其他业务所形成的往来款项，处理应收款项的收回、坏账、转账等情况，同时提供票据处理功能。系统根据对客户往来款项核算和管理的程度不同，提供了两种应用方案。

（一）在应收系统核算客户往来款项

如果企业的应收款核算管理内容比较复杂，需要追踪每一笔业务的应收款、收款等情况，或者需要将应收款核算到产品级，那么

可以选择该方案。该方案下，所有的客户往来凭证全部由应收款系统生成，其他系统不再生成这类凭证。应收款系统的主要功能包括：

- 根据输入的单据或由销售系统传递过来的单据，记录应收款项的形成。
- 处理应收项目的收款及转账业务。
- 对应收票据进行记录和管理。
- 在应收项目的处理过程中生成凭证，并向总账系统进行传递。
- 对外币业务及汇兑损益进行处理。
- 根据所提供的条件，提供各种查询及分析。

（二）在总账系统核算客户往来款项

如果企业的应收款业务比较简单，或者现销业务很多，则可以选择在总账系统通过辅助核算完成客户往来核算。其主要功能包括：

- 若同时使用销售系统，可接收销售系统的发票，并对其进行制单处理。
- 客户往来业务在总账系统生成凭证后，可以在应收款系统进行查询。

本章采用第一种方案介绍应收款子系统的功能。

二、应收款管理系统与其他系统的主要关系

应收款管理系统与其他系统的主要关系如图7－1所示。

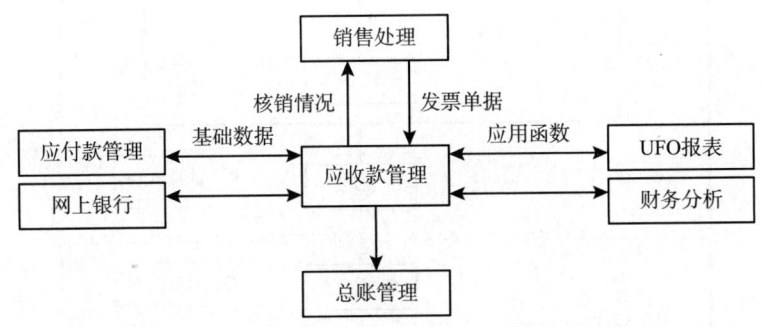

图7－1　应收款管理系统与其他系统的主要关系

销售管理系统可向应收款管理系统提供已复核的销售发票、销售调拨单，以及代垫运费单；在应收款管理系统中对发票进行审核并进行收款结算处理，生成凭证。应收款管理系统为销售管理系统提供各种单据的收款结算情况以及代垫运费的核销情况如下：

（1）应收款管理系统和应付款管理系统之间可以进行转账处理。
（2）应收款管理系统向总账管理系统传递凭证。
（3）应收款管理系统向专家财务评估系统提供各种财务分析数据。
（4）应收款管理系统向 UFO 报表提供应用函数。
（5）应收款管理系统与网上银行进行付款单的导入和导出。

三、应收款管理系统业务处理流程

应收款管理系统业务处理流程如图 7-2 所示。

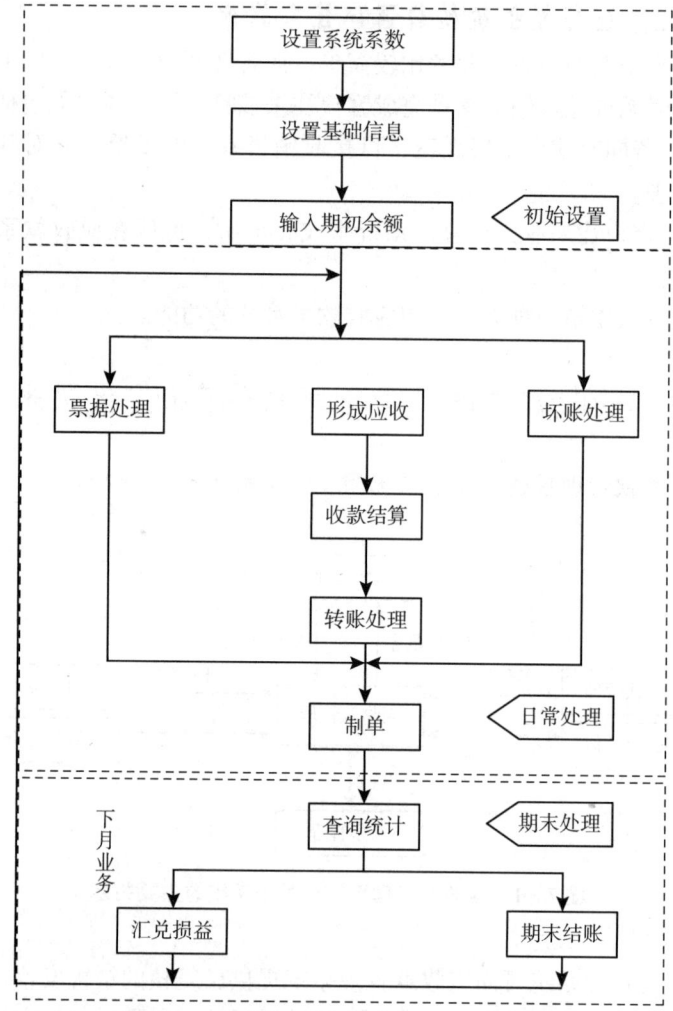

图 7-2 应收款管理系统业务处理流程

第二节 应收款管理系统日常业务处理

一、初始设置

(一) 设置控制参数

在运行本系统前,应在此设置运行所需要的账套参数。控制参数各项目说明如下:

1. 选择应收账款的核销方式

系统提供了3种应收款的核销方式:按余额、按单据和按存货。

(1) 按余额核销:系统将根据选定的单据,按单据的到期日从前向后排序,然后从时间最早的单据开始核销。

(2) 按单据核销:系统将满足条件的未结算单据全部列出,由用户选择要结算的单据,根据所选择的单据进行核销。

(3) 按存货核销:系统将满足条件的未结算单据按存货列出,由用户选择要结算的存货,根据所选择的存货进行核销。

选择不同的核销方式,将影响到账龄分析的精确性。选择按单据核销或按存货核销能够进行更精确的账龄分析。

2. 选择设置控制科目的依据

控制科目在本系统指所有带有客户往来辅助核算的科目。系统提供3种设置控制科目的依据:按客户分类、按客户和按地区分类。

3. 选择设置存货销售科目的依据

本系统提供了两种设置存货销售科目的依据。即按存货分类设置和按存货设置。

4. 选择预收款的核销方式

系统提供了两种预收款的核销方式,即按余额和按单据。

5. 选择制单的方式

有3种制单方式,即明细到客户、明细到单据和汇总的方式。

6. 选择计算汇兑损益的方式

系统提供两种计算汇兑损益的方式,即外币余额结清时计算和月末计算方式。

7. 选择坏账处理方式

系统提供两种坏账处理的方式,即备抵法和直接转销法。

在使用过程中,如果当年已经计提过坏账准备,则此参数不可以修改,只能下一年度修改。

8. 选择核算代垫费用的单据类型

根据初始设置中"单据类型设置",应收单的类型若分为多种时,在此选择核算代垫费用单的单据类型。若应收单不分类,则无此选项。

9. 选择是否显示现金折扣

为了鼓励客户在信用期间内提前付款而采用现金折扣政策,选择显示现金折扣,系统会在"单据结算"中显示"可享受折扣"和"本次折扣",并计算可享受的折扣。若选择了"不显示现金折扣",则系统既不计算也不显示现金折扣。

10. 选择录入发票是否显示提示信息

如果选择了显示提示信息,则在录入发票时,系统会显示该客户的信用额度余额,以及最后的交易情况。这样可能会降低录入的速度,反之选择不提示任何信息。

在账套使用过程中可以修改以上的参数。

(二) 设置基础信息

基础信息包括设置科目、设置坏账准备、设置账龄区间、设置报警级别、设置存货分类档案、设置单据类型和设计单据格式等。其他公共信息(会计科目、部门档案、职员档案、外币及汇率、结算方式、付款条件、地区分类、客户分类及档案)已在系统管理和总账管理初始设置中完成。

1. 设置科目

如果企业应收业务类型较固定,生成的凭证类型也较固定,则为了简化凭证生成操作,可在此处将各业务类型凭证中的常用科目预先设置好。

2. 设置坏账准备

应收款系统可以根据发生的应收业务情况,提供自动计提坏账准备的功能。计提坏账的处理方式包括应收余额百分比法、销售余额百分比法、账龄分析法。

3. 设置账龄区间

为了对应收账款进行账龄分析,评估客户信誉,并按一定的比例估计坏账损失,应首先在此设置账龄区间。

4. 设置报警级别

通过对报警级别的设置,将客户按照客户欠款余额与其授信额度的比例分为不同的类型,以便于掌握各个客户的信用情况。

5. 设置存货分类和档案

设置好存货分类和档案后,在输入销售发票时,可以参照选择。

6. 设置单据类型

系统提供了发票和应收单两大类型的单据。

如果同时使用销售系统,则发票的类型包括增值税专用发票、普通发票、销售调拨单和销售日报。如果单独使用应收系统,则发票的类型不包括后两种。发票的类型不能修改和删除。

应收单记录销售业务之外的应收款情况。在本功能中,只能增加应收单,应收单可划分为不同的类型,以区分应收货款之外的其他应收款。例如,应收代垫费用款、应收利息款、应收罚款、其他应收款等。应收单的对应科目由自己定义。

只能增加应收单的类型,而发票的类型是固定的,不能修改删除。应收单中的"其他应收单"为系统默认类型,不能删除、修改,不能删除已经使用过的单据类型。

(三)输入期初余额

初次使用本系统时,要将启用应收系统时未处理完的所有客户的应收账款、预收账款、应收票据等数据录入到本系统,以便于以后的核销处理。当进入第二年度处理时,系统自动将上年度未处理完的单据转为下一年度的期初余额。在下一年度的第一个会计期间里,可以进行期初余额的调整。

输入应收系统的期初数据时应注意的问题:

(1)发票和应收单的方向包括正向和负向,类型包括系统预置的各类型以及用户定义的类型。如果是预收款和应收票据,则不用选择方向,系统默认预收款方向为贷,应收票据方向为借。

(2)单据日期必须小于该账套启用期间(第一年使用)或者该年度会计期初(以后年度使用)。如果在初始设置的基本科目设置中设置了承兑汇票的入账科目,则可以录入该科目下期初应收票据,否则不能录入期初应收票据。单据中的科目栏目,用于输入该笔业务的入账科目,该科目可以为空。建议在录入期初单据时,最好录入科目信息,这样不仅可以执行与总账的对账功能,而且可以查询正确的科目明细账、总账。

二、日常处理

日常处理主要包括应收处理、票据处理、坏账处理、制单和查询统计等操作。

(一)应收处理

应收处理包括单据处理、单据结算、转账处理。

1. 单据处理

销售发票与应收单是应收账款日常核算的原始单据。销售发票是指销售业务中的各类普通发票和专用发票。应收单是指销售业务之外的应收单据，如代垫运费等。

如果同时使用应收款系统和销售管理系统，则销售发票和代垫费用产生的单据由销售系统录入、审核，自动传递到应收系统，在本系统可以对这些单据进行查询、核销、制单，在本系统需要录入的单据仅限于应收单。如果没有使用销售系统，则各类发票和应收单均应在本系统录入并审核。

2. 单据结算

单据结算的功能包括：录入收款单、付款单；对发票及应收单进行核销；形成预收款并核销预收款；处理代付款。

收款单是收到款项而输入的单据。包括收到货款、预收款、代付款。付款单是因销售退回而填制的付款单据。核销就是指确定收、付款单与原始的发票、应收单之间的对应关系的操作。即需要指明每一次收款是收的哪笔销售业务的款项。

3. 转账处理

在日常处理中，经常会发生如下几种转账处理的情况：

- 预收冲应收：某客户有预收款时，可用该客户的一笔预收款冲一笔应收款。
- 应收冲应付：若某客户既是销售客户又是供应商，则可能发生应收款冲应付款的情况。
- 红字单据冲蓝字单据：当发生退货时，用红字发票对冲蓝字发票。
- 应收冲应收：当一个客户为另一客户代付款时，发生应收冲应收情况。

（二）票据管理

企业一般情况下都有应收票据。本系统提供了强大的票据管理功能，可以在此对银行承兑汇票和商业承兑汇票进行管理，记录票据详细信息、记录票据处理情况，包括票据贴现、背书、计息、结算、转出等情况。

（三）坏账处理

坏账处理包括：坏账发生、坏账收回和坏账计提。

系统提供的计提坏账的方法主要有销售收入百分比法、应收账款百分比法和账龄分析法。不管采用什么方法计提坏账，初次计提时，如果没有进行预先的设置，首先应在初始设置中进行设置。应收账款的余额默认为本会计年度最后一天所有未结算完的发票和应收单余额之和减去预收款数额。外币账户用其本位币余额，可以根据实际情况进行修改。销售总额默认为本会计年度发票总额,可以根据实际情况进行修改。账龄分析法各区间余额由系统生成(本会计年度最后一天的所有未结算完的发票和应收单余额之和减去预收款数额),可以根据实际情况进行修改。

(四)制单

制单处理分为立即制单和批量制单。

立即制单是在单据处理、转账处理、票据处理及坏账处理等功能操作中,有许多地方系统询问是否立即制单,可以选择"是",便立即生成凭证。

批量制单是在所有业务发生完毕,使用制单功能进行批处理制单。

(五)查询统计

应收账款系统的查询统计功能主要有单据查询、业务账表查询、业务分析和科目账表查询。

1. 单据查询

单据的查询包括发票、应收单、结算单和凭证的查询。可以查询已经审核的各类型应收单据的收款、结余情况,也可以查询结算单的使用情况,还可以查询本系统所生成的凭证,并且对其进行修改、删除、冲销等操作。

2. 业务账表查询

业务账表查询可以进行总账、明细账、余额表和对账单的查询,并可以实现总账、明细账、单据之间的联查。

3. 业务分析

业务分析功能包括应收账龄分析、收款账龄分析、欠款分析。

4. 科目账表查询

科目账表查询包括科目余额表查询和科目明细表查询,并且可以通过一个"总账"和"明细"的切换按钮进行联查。实现总账、明细账、凭证的联查。

三、期末处理

应收款管理系统的期末处理工作主要包括汇兑损益和期末结账。

(一)汇兑损益

如果客户往来有外币核算,且在总账中"账簿选项"选取客户往来由"应收系统"核算,则在此计算外币单据的汇兑损益并对其进行相应的处理。

(二) 月末结账

如果确认本月的各项处理已经结束，可以选择执行月末结账功能。结账后本月不能再进行单据、票据、转账等业务的增删改审等处理。如果用户觉得某月的月末结账有错误，可以取消月末结账。但取消结账操作只有在该月总账未结账时才能进行。如果启用了销售系统，销售系统结账后，应收系统才能结账。

注意：
◆ 如果上月没有结账，则本月不能结账；
◆ 本月的单据（发票和应收单）在结账前应该全部审核；
◆ 若本月的结算单还有未核销的，不能结账；
◆ 如果结账期间是本年度最后一个期间，则本年度进行的所有核销、坏账、转账等处理必须制单，否则不能向下一个年度结转，而且对于本年度外币余额为0的单据必须将本币余额结转为0，即必须执行汇兑损益。

实验八　应收款管理

【实验目的】

(1) 掌握ERP-U8管理系统中应收款管理的相关内容。

(2) 掌握应收款管理系统初始化、日常业务处理及月末处理的操作。

(3) 理解应收款在总账核算与在应收款管理系统核算的区别。

【实验内容】

(1) 初始化：设置账套参数、初始设置。

(2) 日常处理：形成应收、收款结算、转账处理、坏账处理、制单、查询统计。

(3) 期末处理：月末结账。

【实验准备】

引入"实验二"账套数据。

【实验资料】

1. 初始设置

(1) 选项控制。

控制参数	参数设置
坏账处理方式	应收余额百分比法
自动计算现金折扣	√

(2) 设置科目。

科目类别	设置方式
基本科目设置	应收科目（本币）：1122 预收科目（本币）：2203 销售收入科目：6001 应交增值税科目：22210105
结算方式科目设置	结算方式：现金；币种：人民币；科目：1001 结算方式：现金支票；币种：人民币；科目：100201 结算方式：转账支票；币种：人民币；科目：100201

(3) 坏账准备设置。

控制参数	参数设置
提取比例	0.5%
坏账准备期初余额	10 000
坏账准备科目	1231
对方科目	660207

(4) 账期内账龄区间及逾期账龄区间。

序号	起止天数	总天数
01	0～30	30
02	31～60	60
03	61～90	90
04	91以上	

(5) 计量单位组。

计量单位组编号	计量单位组名称	计量单位组类别
01	无换算关系	无换算

(6) 计量单位。

计量单位编号	计量单位名称	所属单位名称
01	盒	无换算关系
02	台	无换算关系
03	只	无换算关系
04	千米	无换算关系

(7) 存货分类。

存货分类编码	存货类别名称
1	原材料
101	主机
10101	芯片
10102	硬盘
102	显示器
103	键盘
104	鼠标
2	产成品
201	计算机
3	配套用品
301	配套材料
302	配套硬件
30201	打印机
30202	传真机
303	配套软件
9	应税劳务

(8) 存货档案。

存货编码	存货名称	所属类别	主计量单位	税率(%)	存货属性	参考成本	参考售价
001	PIII 芯片	10101 芯片	盒	17	内销、外购、生产耗用	1 200	
002	160GB 硬盘	10102 硬盘	盒	17	内销、外购、生产耗用	800	1 000
003	21 英寸显示器	102 显示器	台	17	内销、外购、生产耗用	2 200	2 500
004	键盘	103 键盘	只	17	内销、外购、生产耗用	100	120
005	鼠标	104 鼠标	只	17	内销、外购、生产耗用	50	60
006	计算机	201 计算机	台	17	内销、自制	5 000	6 500
007	1 600k 打印机	30201 打印机	台	17	内销、外购	2 000	2 300
008	运输费	9 运费劳务	千米	11	内销、外购、应税劳务		

(9) 期初余额。

会计科目：应收账款　余额：借 157 600 元

普通发票

开票日期	客户	销售部门	科目	货物名称	数量	单价	金额
2014-06-25	华美公司	销售部	1122	键盘	1 992	50	99 600

增值税发票

开票日期	客户	销售部门	科目	货物名称	数量	单价	税率	金额
2014-07-10	昌乐贸易公司	销售部	1122	21 英寸显示器	18	2 500	17%	52 650

其他应收单

单据日期	科目编号	客户	销售部门	金额	摘要
2014-07-10	1122	昌乐贸易公司	销售部	5 350	代垫运费

(10) 本单位开户银行。

编码：01；名称：工商银行北京分行中关村分理处；账号：831658796200。

2. 2014 年 8 月发生经济业务

(1) 8 月 2 日，销售部售给华美公司计算机 10 台，单价 6 500 元/台。开出普通发票，货已发出。

(2) 8 月 4 日，销售部出售给精品公司 21 英寸显示器 20 台，无税单价 2 500 元/台，开出增值税发票。货已发出，同时代垫运费 5 000 元。

(3) 8 月 5 日，收到华美公司交来转账支票一张，金额 65 000 元，支票号 ZZ001，用以归还前欠货款。

(4) 8 月 7 日，收到昌乐贸易公司交来转账支票一张，金额 100 000 元，发票号 ZZ002，用以归还前欠货款及代垫运费，剩余款转为预收账款。

(5) 8 月 9 日，华美公司交来转账支票一张，金额 20 000 元，支票号 zz003，作为预购 PIII 芯片的定金。

(6) 8 月 10 日，将精品公司购买 21 英寸显示器的应收款 58 500 元转给昌乐贸易公司。

(7) 8 月 11 日，用华美公司交来的 20 000 元订金冲抵其期初应收款项。

（8）8月17日，确认本月4日为精品公司代垫运费5 000元，作为坏账处理。

（9）8月31日，计提坏账准备。

【实验要求】

以账套主管"陈力"的身份进行应收款管理操作。

【操作指导】

1. 启用并进入应收款管理系统

（1）以账套主管"陈力"的身份注册进入企业应用平台，启用"应收款管理"系统，启用日期为"2014 - 08 - 01"。

（2）在企业应用平台的"业务工作"选项卡中，选择"财务会计"｜"应收款管理"选项，打开应收款管理菜单。

2. 初始设置

■ 设置选项

（1）执行"设置"｜"选项"命令，打开"账套参数设置"对话框，如图7 - 3所示。

（2）单击"编辑"按钮，按实验资料进行控制参数设置。

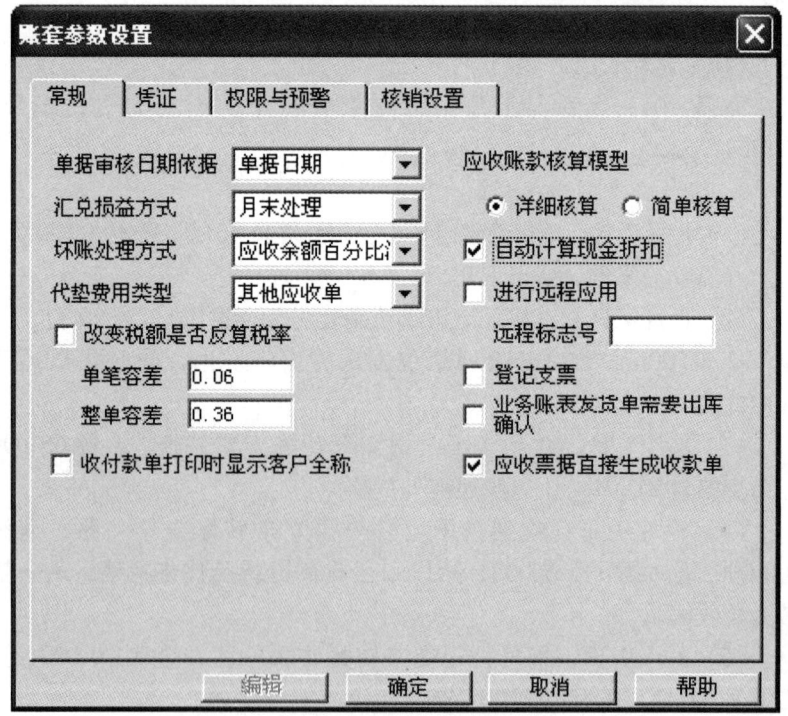

图7 - 3 账套参数设置

注意：

◆ 应收款管理系统核销方式一经确定，不允许调整。

◆ 如果当年已计提过坏账准备，则坏账处理方式不允许修改，只能在下一年度修改。

■ 初始设置

(1) 执行"设置"│"初始设置"命令，进入"初始设置"窗口。

(2) 按实验资料进行基本科目设置、结算方式科目设置、坏账准备设置、账龄区间设置和逾期账龄区间设置。

■ 设置计量单位组和计量单位

(1) 在企业应用平台中，执行"基础设置"│"基础档案"│"存货"│"计量单位"命令，进入"计量单位—计量单位组别"窗口。

(2) 单击"分组"按钮，打开"计量单位分组"对话框。

(3) 单击"增加"按钮，按实验资料输入单位组信息并保存。

(4) 选择"无换算关系"计量单位组，单击"单位"按钮，打开"计量单位设置"对话框，按实验资料输入单位信息。

■ 设置存货分类和存货档案

(1) 在企业应用平台中，执行"基础设置"│"基础档案"│"存货"│"存货分类"命令，进入"存货分类"窗口。

(2) 按实验资料进行存货分类设置。

(3) 执行"基础设置"│"基础档案"│"存货"│"存货档案"命令，进入"存货档案"窗口。

(4) 选择存货分类"10101 芯片"，单击"增加"按钮，进入"存货档案卡片"窗口。

(5) 按实验资料输入存货档案。

■ 输入期初余额

输入期初销售发票

(1) 执行"设置"│"期初余额"命令，打开"期初余额—查询"对话框。

(2) 单击"确定"按钮，进入"期初余额明细表"窗口。

(3) 单击"增加"按钮，打开"单据类别"对话框。

(4) 选择单据名称"销售发票"，单据类型"销售普通发票"。

(5) 单击"确定"按钮，进入"期初销售发票"窗口。

(6) 输入开票日期"2014 – 06 – 25"，客户名称"华美公司"，销售部门"销售部"，科目"1122"。

(7) 选择货物名称"键盘"，输入数量"1 992"，金额自动计算出，单击"保存"按钮。

(8) 同理，输入增值税发票。

注意：输入期初销售发票时，要确定科目，以方便与总账系统的应收账款对账。

输入期初其他应收单

(1) 在"期初余额明细表"窗口中,单击"增加"按钮,打开"单据类别"对话框。

(2) 选择单据名称"应收单",单据类型"其他应收单",单击"确认"按钮,进入"期初录入——其他应收单"窗口。

(3) 输入单据日期"2014-07-10",科目编号"1122",客户"昌乐贸易公司",销售部门"销售部",金额"5 350",摘要"代垫运费",单击"保存"按钮。

期初对账

(1) 在"期初余额明细表"窗口,单击"对账"按钮,进入"期初对账"窗口。

(2) 查看应收款管理系统与总账管理系统的期初余额是否平衡。

(3) 关闭"期初对账",返回"期初余额明细表"窗口。

注意:应收款管理系统与总账管理系统的期初余额的差额应为零。即两个系统的客户往来科目的期初余额应完全一致。

■ **输入开户银行信息**

在企业应用平台的"基础设置"中,执行"基础档案"|"收付结算"|"本单位开户银行"命令,输入本单位开户银行信息。

3. 日常处理

■ **增加应收款**

业务1:输入并审核普通发票

(1) 执行"应收单据处理"|"应收单据录入"命令,打开"单据明类别"对话框。

(2) 选择单据名称"销售发票",单据类型"销售普通发票"。

(3) 单击"确定"按钮,进入"销售普通发票"窗口。

(4) 单击"增加"按钮,输入开票日期"2014-08-02",双击销售类型参照按钮,在销售类型基本参照窗口中编辑销售类型,本例选择"代销"。出库类别也需要编辑。

销售类型编码	销售类型名称	出库类别	是否默认值
1	经销	销售出库	是
2	代销	销售出库	否

(5) 选择客户名称"华美公司";选择货物名称"计算机",输入数量"10",单价"6 500",金额自动计算出,单击"保存"按钮。

(6) 单击"审核"按钮,弹出"是否立即制单?"信息提示对话框。

(7) 单击"否"按钮,暂不生成凭证,单击"退出"按钮。

注意:

◆ 如果应收款管理系统与销售管理系统集成使用,销售发票在销售管理系统中录入并审核。应收款管理系统可对这些销售发票进行查询、核销、制单等操作。

◆ 如果没有使用销售管理系统，则在应收款管理系统中录入并审核销售发票，以形成应收款，并对这些发票进行查询、核销、制单等操作。

业务 2：输入并审核专用发票

（1）执行"应收单据处理"｜"应收单据录入"命令，打开"单据类别"对话框。

（2）选择单据名称"销售发票"，单据类型"销售专用发票"，单击"确定"按钮，进入"销售专用发票"窗口。

（3）输入开票日期"2014-08-04"，发票号"F004"，客户名称"精品公司"。

（4）选择货物名称"21英寸显示器"，输入数量"20"，无税单价"2 500"，金额自动计算出，单击"保存"按钮。

（5）单击"审核"按钮，系统弹出"是否立即制单？"信息提示对话框。

（6）单击"否"按钮，暂不生成凭证，单击"退出"按钮。

输入并审核其他应收单

（1）执行"应收单据处理"｜"应收单据录入"命令，打开"单据类别"对话框。

（2）选择单据名称"应收单"，单据类型"其他应收单"，单击"确定"按钮，进入"其他应收单"窗口。

（3）输入开票日期"2014-08-04"，客户名称"精品公司"，金额"5 000"，摘要"代垫运费"。

（4）选择对应科目"100201"，单击"保存"按钮。

（5）单击"审核"按钮，系统弹出"是否立即制单？"信息提示对话框。

（6）单击"否"按钮，暂不生成凭证，单击"退出"按钮。

注意：

◆ 已审核和生成凭证的应收单不能修改删除。若要修改和删除，必须取消相应的操作。

◆ 应收系统与销售系统集成使用时，需对由销售系统中代垫费用单所形成的应收单进行审核。

■ **收款结算**

业务 3：输入一张收款单并完全核销应收款

（1）执行"收款单据处理"｜"收款单据录入"命令，进入"收付款单"窗口。

（2）单击"增加"按钮。

（3）输入日期"2014-08-05"，选择客户"华美公司"，结算方式"转账支票"，金额"65 000"，票号ZZ001，单击"保存"按钮。

（4）单击"审核"按钮，系统弹出"是否立即制单?"信息提示对话框。

（5）单击"否"按钮，暂不生成凭证。

（6）单击"核销"按钮，在8月2日的发票中输入本次结算金额65 000。

（7）单击"保存"按钮。

注意：

◆ 录入收款单内容时，结算方式、结算科目及金额不能为空。

◆ 系统自动生成的结算单号不能进行修改。

◆ 已核销的收款单不允许修改和删除。

业务4：输入一张收款单，部分核销应收款，部分形成预收账款

（1）在"收款单录入"窗口，单击"增加"按钮。

（2）输入日期"2014-08-07"，选择客户"昌乐贸易公司"，结算方式"转账支票"，金额"100 000"，票号ZZ002。

（3）在表体中，分别选择款项类型为应收款、金额58 000元和预收款4 200元，单击"保存"按钮。

（4）单击"审核"按钮，系统弹出"是否立即制单?"信息提示对话框，单击"否"按钮，暂不生成凭证。

（5）单击"核销"按钮，在结算单中，输入专用发票本次结算额"52 650"，其他应收单据本次结算"5 350"，收款单据本次结算58 000，单击"保存"按钮。

业务5：输入一张收款单全部形成预收款

（1）在"收款单录入"窗口，单击"增加"按钮。

（2）输入表头项目：选择客户"华美公司"，输入日期"2014-08-09"，结算方式"转账支票"，金额"20 000"，支票号ZZ003。输入表体项目：款项类型"预收款"。

（3）单击"保存"按钮，再单击"审核"按钮。系统弹出"是否立即制单?"信息提示对话框。

（4）单击"否"按钮，暂不生成凭证，单击"退出"按钮。

注意：

◆ 全部款项形成预收款的收款单可在"收付款单查询"功能中查看。

◆ 以后可通过"预收冲应收"以及"核销"等操作中使用此笔预收款。

■ 转账处理

业务 6：应收冲应收

（1）执行"转账"|"应收冲应收"命令，进入"应收冲应收"窗口。

（2）选择转出客户"精品公司"，转入客户"昌乐贸易公司"。

（3）单击"过滤"按钮。系统列出转出户"精品公司"的未核销的应收款。

（4）在 2014-08-04 的销售专用发票单据行最后一栏并账金额中输入"58 500"，单击"确定"按钮，系统弹出"是否立即制单？"信息提示对话框。

（5）单击"否"按钮，暂不生成凭证。

业务 7：预收冲应收

（1）执行"转账"|"预收冲应收"命令，进入"预收冲应收"窗口。

（2）输入日期"2014-08-11"。

（3）单击打开"预收款"选项卡，选择客户"华美公司"。单击"过滤"按钮。系统列出该客户的预收款，输入转账金额"20 000"。

（4）打开"应收款"选项卡，单击"过滤"按钮。系统列出该客户的应收款，输入转账金额"20 000"。

（5）单击"确定"按钮，弹出"是否立即制单？"提示对话框。

（6）单击"否"按钮，暂不生成凭证。

注意：

◆ 每一笔应收款的转账金额不能大于其余额。

◆ 应收款的转账金额合计应该等于预收款的转账金额合计。

◆ 在初始设置时，如将应收科目和预收科目设置为同一科目，将无法通过预收冲应收功能生成凭证。

◆ 此笔预收款也可不先冲应收款，待收到此笔货款的剩余款项并进行核销时，再同时使用此笔预收款进行核销。

■ 坏账处理

业务 8：发生坏账

（1）执行"坏账处理"|"坏账发生"命令，打开"坏账发生"对话框。

（2）选择客户"精品公司"，输入日期"2014-08-17"，选择币种"人民币"。

（3）单击"确定"按钮，进入"坏账发生单据明细"窗口，系统列出该客户所有未核销的应收单据。

（4）在"本次发生坏账金额"处输入"5 000"，单击"ok确认"按钮。

（5）系统弹出"是否立即制单？"信息提示对话框，单击"否"按钮，暂不生成凭证，最后单击"退出"按钮。

业务9：计提坏账准备

（1）执行"坏账处理"｜"计提坏账"命令，进入"应收账款百分比法"窗口。

（2）系统根据应收账款余额、坏账准备余额、坏账准备初始设置情况自动计算出本次计提金额。

（3）单击"ok确认"按钮，系统弹出"是否立即制单？"信息提示对话框。

（4）单击"否"按钮，暂不生成凭证。

注意：如果坏账准备已计提成功，本年度将不能再次计提坏账准备。

■ **制单**

立即制单

（1）在单据进行完相应的操作后，会弹出"是否立即制单？"信息提示对话框。单击"是"按钮，便可立即生成一张凭证。

（2）修改后，单击"保存"按钮，此凭证可传递到总账系统。

批量制单

（1）执行"制单处理"命令，打开"制单查询"对话框。

（2）选中"发票制单"复选框，单击"确定"按钮，进入"销售发票制单"窗口。

（3）选择凭证类别"转账凭证"，单击"全选"按钮。

（4）单击"制单"按钮，进入"填制凭证"窗口。

（5）单击"保存"按钮，凭证左上方出现"已生成"字样，表明此凭证已传递至总账。

（6）单击"上张"、"下张"按钮，保存其他需保存的凭证。

（7）完成应收单制单、核销制单、转账制单、并账制单、坏账处理制单。

注意：

◆ 执行生成凭证的操作员，必须在总账系统拥有制单的权限。

◆ 制单日期应大于等于所选的单据的最大日期，但小于当前业务日期。同时，制单日期应满足总账系统中制单序时要求。

■ **查询统计**

查询统计包括以下内容。

（1）单据查询。

（2）业务账表查询。

（3）科目账表查询。

（4）账龄分析。

具体操作在此不再赘述。

4. 期末处理

■ 结账

（1）执行"期末处理"｜"月末结账"命令，打开"月末处理"对话框。

（2）双击 8 月的"结账标志"栏。

（3）单击"下一步"按钮，屏幕显示各处理类型的处理情况。

（4）在处理情况都是"是"的情况下，单击"完成"按钮，结账后，弹出"月末结账成功"信息提示对话框。

（5）单击"确定"按钮。系统自动在对应的结账月份的"结账标志"栏中标记"已结账"字样。

注意：

◆ 本月的单据在结账前应该全部审核；本月的结算单在结账前应全部核销。

◆ 应收系统结账后，总账系统才能结账。

◆ 应收系统与销售系统集成使用，应在销售系统结账后，才能对应收系统进行结账处理。

■ 取消结账

（1）执行"期末处理"｜"取消月结"命令，打开"取消结账"对话框。

（2）选择"8 月已结账"月份。

（3）单击"确定"按钮，弹出"取消结账成功！"信息提示对话框。

（4）单击"确定"按钮，当月结账标志即被取消。

注意：如果当月总账系统已经结账，则应收系统不能取消结账。

综合实验资料

实验一　系 统 管 理

1. 创建账套
(1) 账套信息。
账套号：800
账套名称：班级
账套路径：D：\ZT800
启用会计期：2015 年 1 月
(2) 单位信息。
单位名称：东方公司
(3) 核算类型。
本币代码：RMB
本币名称：人民币
企业类型：工业
行业性质：新会计制度科目（注：不是 2007 年新会计制度科目）
账套主管：同学自己的姓名
选择"按行业性质预置科目"
(4) 基础信息。
存货不分类
客户分类
供应商分类
有外币核算
2. 编码方案

项目	编码规则
科目编码级次	4222
客户分类编码级次	2
供应商分类编码级次	2
部门编码级次	12
结算方式编码级次	12

3. 数据精度

采用系统默认值。

4. 系统启用

启用总账系统，启用日期为2015-01-01。

5. 财务分工

编号	姓名	权限
01	同学自己	账套主管，拥有本账套的所有权限
02	董新	拥有总账系统的所有权限
03	张梅	拥有总账系统的所有权限

说明：为方便上机实验，不设操作员口令。

制单人：同学自己，审核人：董新，记账：张梅

实验二 机构人员与客商信息设置

1. 部门档案

部门编码	部门名称	部门编码	部门名称
1	管理部门	301	销售一部
101	办公室	302	销售二部
102	财务部	4	工程部门
2	采购部门	401	工程一部
201	采购一部	402	工程二部
202	采购二部	9	生产部门
3	销售部门	901	第一车间

2. 人员类别

东方公司在职人员分为以下5类：

档案编码	档案名称
1001	企业管理人员
1002	经营人员
1003	车间管理人员
1004	生产人员
1005	工程人员

3. 人员档案

人员编码	姓名	人员类别	行政部门	性别	业务员
10101	白雪	企业管理人员	办公室	女	
10102	田晶	企业管理人员	办公室	女	
10103	赵强	企业管理人员	办公室	男	
10201	同学自己	企业管理人员	财务部	女	
10202	董新	企业管理人员	财务部	男	
10203	张梅	企业管理人员	财务部	女	
20101	王兴	经营人员	采购一部	男	是
20102	宋军	经营人员	采购一部	男	是
20201	李卫	经营人员	采购二部	男	是
20202	肖勇	经营人员	采购二部	男	是
30101	薄涛	经营人员	销售一部	男	是
30102	刘朋	经营人员	销售一部	男	是
30201	孙凡	经营人员	销售二部	男	是
30202	宗玲	经营人员	销售二部	女	是
90101	郭峰	车间管理人员	第一车间	男	
90102	李平	生产人员	第一车间	男	
90103	贺丽	生产人员	第一车间	女	
90104	成东	生产人员	第一车间	男	

4. 供应商分类

分类编码	分类名称
01	生产性材料
02	非生产性材料

5. 供应商档案

供应商编码	供应商名称	供应商简称	所属分类	币种
001	宝立集团	宝立集团	01	人民币
002	海欣公司	海欣公司	01	人民币
003	新中公司	新中公司	01	人民币
004	大华公司	大华公司	02	人民币
005	华宏公司	华宏公司	02	人民币

6. 客户分类

分类编码	分类名称
01	批发
02	零售

7. 客户档案

客户编码	客户名称	客户简称	所属分类	币种
001	恒通集团	恒通集团	01	人民币
002	永丰公司	永丰公司	01	人民币
003	安顺公司	安顺公司	01	人民币
004	凌云国际	凌云国际	01	人民币

实验三　财务与收付结算设置

1. 外币设置

（1）币符：$。

（2）币名：美元。

（3）固定汇率。

（4）2015年1月初记账汇率：7.3。

2. 会计科目

（1）指定科目。

将"1001 现金"科目指定为现金总账科目。

将"1002 银行存款"科目指定为银行总账科目。

（2）东方公司会计科目表。

科目编码	科目名称	币种/计量	辅助核算	账页格式	余额方向
1001	现金			金额式	借
1002	银行存款			金额式	借
100201	中行存款			金额式	借
10020101	中行人民币			金额式	借
10020102	中行美元	美元		外币金额式	借
100202	工行存款			金额式	借
1111	应收票据		客户往来	金额式	借
1131	应收账款		部门客户	金额式	借
1133	其他应收款			金额式	借
113301	备用金		部门核算	金额式	借
113302	应收个人款		个人往来	金额式	借
1141	坏账准备			金额式	贷
1151	预付账款		供应商往来	金额式	借
1201	物资采购			金额式	借
120101	原料	吨		数量金额式	借
120102	辅料	吨		数量金额式	借

续表

科目编码	科目名称	币种/计量	辅助核算	账页格式	余额方向
1211	原材料			金额式	借
121101	原料	吨		数量金额式	借
121102	辅料	吨		数量金额式	借
1231	低值易耗品			金额式	借
123101	工具	套		数量金额式	借
123102	耗材	套		数量金额式	借
1232	材料成本差异			金额式	借
1243	库存商品	件	项目核算	数量金额式	借
1301	待摊费用			金额式	借
130101	报刊订阅费			金额式	借
130102	财产保险费			金额式	借
1401	长期股权投资			金额式	借
1402	长期债权投资			金额式	借
140201	债券投资			金额式	借
140202	其他债权投资			金额式	借
1501	固定资产			金额式	借
1502	累计折旧			金额式	贷
1601	工程物资			金额式	借
160101	专用材料			金额式	借
160102	专用设备			金额式	借
1603	在建工程			金额式	借
160301	人工费		部门项目	金额式	借
160302	材料费		部门项目	金额式	借
160303	其他		部门项目	金额式	借
1701	固定资产清理			金额式	借
1801	无形资产			金额式	借
2101	短期借款			金额式	贷
210101	工行借款			金额式	贷
210102	中行借款			金额式	贷
2111	应付票据		供应商往来	金额式	贷
2121	应付账款		部门供应商	金额式	贷
2131	预收账款	美元	客户往来	外币金额式	贷
2151	应付工资			金额式	贷
2153	应付福利费			金额式	贷
2171	应交税金			金额式	贷
217101	应交增值税			金额式	贷
21710101	进项税额			金额式	贷
21710102	已交税金			金额式	贷
21710105	销项税额			金额式	贷

续表

科目编码	科目名称	币种/计量	辅助核算	账页格式	余额方向
217106	应交所得税			金额式	贷
2181	其他应付款			金额式	贷
2191	预提费用			金额式	贷
219101	借款利息			金额式	贷
2301	长期借款			金额式	贷
230101	工行借款			金额式	贷
3101	实收资本			金额式	贷
3111	资本公积			金额式	贷
3121	盈余公积			金额式	贷
3131	本年利润			金额式	贷
3141	利润分配			金额式	贷
4101	生产成本		项目核算	金额式	借
410101	直接材料		项目核算	金额式	借
410102	直接人工		项目核算	金额式	借
410103	制造费用		项目核算	金额式	借
410104	其他		项目核算	金额式	借
4105	制造费用			金额式	借
410501	工资及福利费			金额式	借
410502	机物料消耗			金额式	借
410503	折旧费			金额式	借
410504	其他			金额式	借
5101	主营业务收入	件	项目核算	数量金额式	贷
5102	其他业务收入			金额式	贷
5201	投资收益			金额式	贷
5301	营业外收入			金额式	贷
5401	主营业务成本	件	项目核算	数量金额式	借
5402	主营业务税金及附加			金额式	借
5405	其他业务支出			金额式	借
5501	营业费用			金额式	借
5502	管理费用			金额式	借
550201	工资及福利费		部门核算	金额式	借
550202	办公费		部门核算	金额式	借
550203	差旅费		部门核算	金额式	借
550204	招待费		部门核算	金额式	借
550205	折旧费		部门核算	金额式	借
550206	其他			金额式	借
5503	财务费用			金额式	借
550301	利息			金额式	借
550302	手续费			金额式	借

续表

科目编码	科目名称	币种/计量	辅助核算	账页格式	余额方向
550303	汇兑损益			金额式	借
5601	营业外支出			金额式	借
5701	所得税			金额式	借

3. 凭证类别

分类方式：记账凭证。

4. 项目档案

（1）项目大类及其核算科目。

项目大类名称	项目属性	项目级次	核算科目
工程	普通项目	一级，2	160301 人工费 160302 材料费 160303 其他
商品	普通项目	一级，2	1243 库存商品 4101 生产成本 410101 直接材料 410102 直接人工 410103 制造费用 410104 其他 5101 主营业务收入 5401 主营业务成本

（2）项目分类。

项目大类名称	分类编码	分类名称
工程	01	建筑工程
	02	大修理工程
商品	01	自制商品
	02	外购商品

（3）项目目录。

项目大类名称	项目编号	项目名称	所属分类码
工程	001	办公楼改造工程	01
	002	职工食堂工程	01
	003	停车场工程	02
	004	设备大修工程	02
商品	001	甲商品	01
	002	乙商品	01
	003	包装箱	02

5. 结算方式

结算方式编码	结算方式名称	票据管理
1	现金	否
2	支票	否
201	现金支票	否
202	转账支票	否
3	银行汇票	否
4	商业汇票	否
401	商业承兑汇票	否
402	银行承兑汇票	否
9	其他	否

实验四 总账系统初始化

1. 系统参数

选项卡	参数设置
凭证	在"可以使用应收受控科目"复选框内打勾 在"可以使用应付受控科目"复选框内打勾 取消"现金流量科目必录现金流量项目"复选框内的对号
会计日历	数量小数位：2 单价小数位：2
其他	部门、个人、项目排序方式均选择按编码排序

说明：其他参数采用系统默认值。

2. 2015年1月期初余额

科目名称	余额方向	币别/计量	期初余额
现金	借		300
银行存款	借		1 156 000
中行存款	借		330 000
中行人民币	借		184 000
中行美元	借		146 000
	借	美元	20 000
工行存款	借		826 000
应收票据	借		250 000
应收账款	借		310 000

续表

科目名称	余额方向	币别/计量	期初余额
其他应收款	借		14 000
备用金	借		10 000
应收个人款	借		4 000
坏账准备	贷		16 200
预付账款	借		50 000
物资采购	借		118 000
辅料	借		118 000
	借	吨	40
原材料	借		810 000
原料	借		600 000
	借	吨	100
辅料	借		210 000
	借	吨	70
低值易耗品	借		48 000
工具	借		30 000
	借	套	50
耗材	借		18 000
	借	套	60
材料成本差异	借		19 300
库存商品	借		525 000
	借	件	560
待摊费用	借		15 120
报刊订阅费	借		6 000
财产保险费	借		9 120
长期债权投资	借		200 000
债券投资	借		200 000
固定资产	借		5 800 000
累计折旧	贷		700 000
工程物资	借		41 400
专用材料	借		41 400
在建工程	借		193 180
人工费	借		35 480
材料费	借		148 000
其他	借		9 700
无形资产	借		680 000
短期借款	贷		400 000
工行借款	贷		300 000
中行借款	贷		100 000
应付票据	贷		200 000

续表

科目名称	余额方向	币别/计量	期初余额
应付账款	贷		214 000
预收账款	贷		146 000
	贷	美元	20 000
应付福利费	贷		80 000
应交税金	贷		30 000
应交所得税	贷		30 000
其他应付款	贷		4 000
预提费用	贷		6 000
借款利息	贷		6 000
长期借款	贷		2 000 000
工行借款	贷		2 000 000
实收资本	贷		6 000 000
盈余公积	贷		500 000
生产成本	借		65 900
直接材料	借		60 000
直接人工	借		3 500
制造费用	借		2 400

说明：原材料按计划成本核算，原料计划单价 6 000 元，辅料计划单价 3 000 元。没有列入表中的会计科目无期初余额。

3. 辅助账期初余额

（1）应收票据（1111）。

日期	凭证号	客户	业务员	摘要	方向	金额
2014-12-31		恒通集团	薄涛	货款	借	150 000
2014-12-31		安顺公司	宗玲	货款	借	100 000
合计					借	250 000

（2）应收账款（1131）。

日期	凭证号	部门	客户	业务员	摘要	方向	金额
2014-12-31		销售一部	恒通集团	刘朋	货款	借	135 000
2014-12-31		销售二部	永丰公司	孙凡	货款	借	175 000
合计						借	310 000

(3) 其他应收款——备用金 (113301)。

部门	方向	金额
办公室	借	6 000
第一车间	借	4 000
合计	借	10 000

(4) 其他应收款——应收个人款 (113302)。

日期	凭证号	部门	个人	摘要	方向	金额
2014-12-31		采购一部	王兴	借款	借	2 000
2014-12-31		销售二部	孙凡	借款	借	2 000
合计					借	4 000

(5) 预付账款 (1151)。

日期	凭证号	供应商	业务员	摘要	方向	金额
2014-12-31		大华公司	李卫	购料	借	50 000
合计					借	50 000

(6) 库存商品 (1243)。

项目	方向	金额	数量
甲商品	借	315 000	350
乙商品	借	210 000	210
合计	借	525 000	560

(7) 在建工程——人工费 (160301)。

部门	项目	方向	金额
工程一部	办公楼改造工程	借	14 190
工程一部	职工食堂工程	借	11 350
工程二部	停车场工程	借	7 680
工程二部	设备大修工程	借	2 260
合计		借	35 480

(8) 在建工程——材料费 (160302)。

部门	项目	方向	金额
工程一部	办公楼改造工程	借	60 000
工程一部	职工食堂工程	借	50 000
工程二部	停车场工程	借	31 000
工程二部	设备大修工程	借	7 000
合计		借	148 000

(9) 在建工程——其他 (160303)。

部门	项目	方向	金额
工程一部	办公楼改造工程	借	5 500
工程二部	停车场工程	借	4 200
合计		借	9 700

(10) 应付票据 (2111)。

日期	凭证号	供应商	业务员	摘要	方向	金额
2014-12-31		宝立集团	王兴	购料	贷	100 000
2014-12-31		大华公司	李卫	购料	贷	100 000
合计					贷	200 000

(11) 应付账款 (2121)。

日期	凭证号	部门	供应商	业务员	摘要	方向	金额
2014-12-31		采购一部	海欣公司	王兴	购料	贷	69 400
2014-12-31		采购一部	新中公司	宋军	购料	贷	86 800
2014-12-31		采购二部	华宏公司	肖勇	购料	贷	57 800
合计						贷	214 000

(12) 预收账款 (2131)。

日期	凭证号	客户	业务员	摘要	方向	金额	外币
2014-12-31		凌云国际	薄涛	货款	贷	146 000	20 000
合计					贷	146 000	20 000

(13) 生产成本——直接材料（410101）。

项目	方向	金额
乙商品	借	60 000
合计	借	60 000

(14) 生产成本——直接人工（410102）。

项目	方向	金额
乙商品	借	3 500
合计	借	3 500

(15) 生产成本——制造费用（410103）。

项目	方向	金额
乙商品	借	2 400
合计	借	2 400

4. 常用凭证

编号：001	说明：职工借款
摘要	科目编码
职工借款	113302
职工借款	1001

实验五　总账系统日常业务处理

东方公司2015年1月发生以下37项经济业务，按照会计制度进行账务处理：

业务1. 1月3日，财务部董新从工行提现金6 000元，现金支票号为6618。

借：现金　　　　　　　　　　　　　　　　　6 000
　　贷：银行存款——工行存款　　　　　　　　　6 000

业务2. 1月4日，销售一部业务员薄涛参加订货会借款3 000元，以现金付讫。

借：其他应收款——应收个人款　　　　　　　3 000
　　贷：现金　　　　　　　　　　　　　　　　　3 000

业务3. 1月4日，采购二部业务员肖勇出差借款2 000元，以现金付讫。

　　借：其他应收款——应收个人款　　　　　　2 000
　　　贷：现金　　　　　　　　　　　　　　　　　　2 000

业务4. 1月7日，在途辅料40吨已验收入库，计划成本120 000元，材料价款118 000元已于上月支付。

　　借：原材料——辅料　　　　　　　　　　　　120 000
　　　贷：物资采购——辅料　　　　　　　　　　　118 000
　　　　　材料成本差异　　　　　　　　　　　　　　2 000

业务5. 1月7日，购买原料50吨，单价5 900元，税款50 150元。开出一张工行转账支票支付以上款项，支票号7620。材料已经验收入库，计划成本300 000元（本业务需要输入两张记账凭证）。

　　借：物资采购——原料　　　　　　　　　　　295 000
　　　　应交税金——应交增值税——进项税额　　　50 150
　　　贷：银行存款——工行存款　　　　　　　　　345 150
　　借：原材料——原料　　　　　　　　　　　　300 000
　　　贷：物资采购——原料　　　　　　　　　　　295 000
　　　　　材料成本差异　　　　　　　　　　　　　　5 000

业务6. 1月8日，采购一部业务员王兴向宝立集团购买原料20吨，单价5 850元，税款19 890元，材料价款尚未支付，材料尚未验收入库。

　　借：物资采购——原料　　　　　　　　　　　117 000
　　　　应交税金——应交增值税——进项税额　　　19 890
　　　贷：应付账款——宝立集团　　　　　　　　　136 890

业务7. 1月8日，采购一部业务员王兴报销差旅费1 900元，原预借2 000元，交回剩余现金100元。

　　借：管理费用——差旅费　　　　　　　　　　　1 900
　　　　现金　　　　　　　　　　　　　　　　　　　100
　　　贷：其他应收款——应收个人款　　　　　　　　2 000

业务8. 1月9日，采购二部业务员李卫从大华公司购入工程专用材料70 000元，上月已预付货款50 000元，不足款项以工行存款支付，转账支票号7621。

　　借：工程物资——专用材料　　　　　　　　　　70 000
　　　贷：预付账款——大华公司　　　　　　　　　　50 000
　　　　　银行存款——工行存款　　　　　　　　　　20 000

业务9. 1月10日，生产部门领用原材料。

	原料			辅料		
	数量	单价	计划成本	数量	单价	计划成本
甲商品	70	6 000	420 000	50	3 000	150 000
乙商品	50	6 000	300 000	30	3 000	90 000
合计	120		720 000	80		240 000

借：生产成本——直接材料——甲商品　　570 000
　　　　　　　　　　　　　　——乙商品　　390 000
　　贷：原材料——原料　　　　　　　　　　　　720 000
　　　　　　　——辅料　　　　　　　　　　　　240 000

业务 10. 1 月 10 日，工程部门领用专用材料。

部门	项目	专用材料
工程一部	办公楼改造工程	35 000
工程一部	职工食堂工程	30 000
工程二部	停车场工程	20 000
合计		85 000

借：在建工程——材料费　　　　　　　　　　85 000
　　贷：工程物资——专用材料　　　　　　　　　85 000

业务 11. 1 月 11 日，各部门领用低值易耗品。

部门	工具			耗材		
	数量	单价	金额	数量	单价	金额
管理部门				20	300	6 000
第一车间	17	600	10 200	2	300	600
合计	17	600	10 200	22	300	6 600

借：管理费用——其他　　　　　　　　　　　6 000
　　制造费用——机物料消耗　　　　　　　　10 800
　　贷：低值易耗品——工具　　　　　　　　　10 200
　　　　　　　　　——耗材　　　　　　　　　 6 600

业务 12. 1 月 14 日，收到工行通知，恒通集团所欠 135 000 元货款已经到账，结算方式为其他，票据号 1722。销售一部刘朋经办。

借：银行存款——工行存款　　　　　　　　135 000
　　贷：应收账款——恒通集团　　　　　　　　135 000

业务 13. 1 月 14 日，签发工行转账支票一张，支付新中公司材料款 86 800 元，支票号 7622。采购一部宋军经办。

借：应付账款——新中公司　　　　　　　　86 800
　　　贷：银行存款——工行存款　　　　　　　　86 800

业务14. 1月15日，通过工行交纳所得税30 000元，结算方式为其他，票据号7304。

借：应交税金——应交所得税　　　　　　　30 000
　　　贷：银行存款——工行存款　　　　　　　　30 000

业务15. 1月15日，财务部董新从工行提现金120 000元，准备发放工资，现金支票号6619。

借：现金　　　　　　　　　　　　　　　　120 000
　　　贷：银行存款——工行存款　　　　　　　　120 000

业务16. 1月16日，发放工资120 000元，其中包括工程人员工资20 000元。

借：应付工资　　　　　　　　　　　　　　120 000
　　　贷：现金　　　　　　　　　　　　　　　　120 000

业务17. 1月17日，分配职工工资100 000元（不包括工程人员工资）。

部门	应付工资	部门	应付工资
甲商品生产工人	30 000	采购一部	8 000
乙商品生产工人	20 000	采购二部	7 000
车间管理人员	6 000	销售一部	8 000
办公室	7 000	销售二部	7 000
财务部	7 000	合计	100 000

借：生产成本——直接人工——甲商品　　　30 000
　　　　　　　　　　　　　——乙商品　　　20 000
　　制造费用——工资及福利费　　　　　　　6 000
　　管理费用——工资及福利费　　　　　　　44 000
　　　贷：应付工资　　　　　　　　　　　　　　100 000

业务18. 1月17日，分配工程人员工资20 000元。

部门	项目	应付工资
工程一部	办公楼改造工程	7 000
工程一部	职工食堂工程	6 000
工程二部	停车场工程	5 000
工程二部	设备大修工程	2 000
合计		20 000

借：在建工程——人工费 20 000
  贷：应付工资 20 000

业务 19. 1 月 18 日，签发工行转账支票一张，支付办公用电话费 1 400 元，支票号 7623。

部门	电话费	部门	电话费
办公室	200	销售一部	300
财务部	100	销售二部	300
采购一部	200	第一车间	100
采购二部	200	合计	1 400

借：管理费用——办公费 1 300
  制造费用——其他 100
  贷：银行存款——工行存款 1 400

业务 20. 1 月 18 日，办公室报销业务招待费 900 元。
借：管理费用——招待费 900
  贷：其他应收款——备用金 900

业务 21. 1 月 18 日，办公室报销网络使用费 600 元。
借：管理费用——办公费 600
  贷：其他应收款——备用金 600

业务 22. 1 月 21 日，将安顺公司开出的面值 100 000 元的不带息商业承兑汇票到工行办理贴现，贴现利息 2 100 元，票据号 9346。销售二部宗玲经办。

借：银行存款——工行存款 97 900
  财务费用——利息 2 100
  贷：应收票据——安顺公司 100 000

业务 23. 1 月 21 日，签发工行转账支票一张，支付广告费 15 000 元，支票号 7624。

借：营业费用 15 000
  贷：银行存款——工行存款 15 000

业务 24. 1 月 22 日，财务部张梅报销会计信息化培训费 500 元，以现金付讫。

借：管理费用——其他 500
  贷：现金 500

业务 25. 1 月 22 日，销售二部业务员孙凡报销差旅费 2 200 元，原预借 2 000 元，以现金补付 200 元。

借：管理费用——差旅费 2 200
  贷：其他应收款——应收个人款 2 000
    现金 200

业务 26. 1 月 22 日，办公室报销名片印制费 760 元。

借：管理费用——办公费　　　　　　　　　760
　　贷：其他应收款——备用金　　　　　　　　　760

业务 27. 1 月 22 日，第一车间贺丽报销托儿费 170 元，以现金付讫。

借：应付福利费　　　　　　　　　　　　170
　　贷：现金　　　　　　　　　　　　　　　　170

业务 28. 1 月 23 日，工程一部支付职工食堂工程垃圾清运费 1 100 元，工行转账支票号 7625。

借：在建工程——其他　　　　　　　　1 100
　　贷：银行存款——工行存款　　　　　　　1 100

业务 29. 1 月 23 日，收到工行通知，永丰公司所欠 175 000 元货款已经到账，结算方式为其他，票据号 2579。销售二部孙凡经办。

借：银行存款——工行存款　　　　　175 000
　　贷：应收账款——永丰公司　　　　　　175 000

业务 30. 1 月 24 日，开出工行电汇凭证一张，预付新中公司材料款 70 000 元，电汇手续费 50 元，票据号 1988。采购一部宋军经办。

借：预付账款——新中公司　　　　　 70 000
　　财务费用——手续费　　　　　　　　　 50
　　贷：银行存款——工行存款　　　　　　70 050

业务 31. 1 月 25 日，第一车间成东报销医药费 350 元，以现金付讫。

借：应付福利费　　　　　　　　　　　　350
　　贷：现金　　　　　　　　　　　　　　　　350

业务 32. 1 月 28 日，摊销应由本月负担的办公室报刊订阅费 500 元。

借：管理费用——办公费　　　　　　　　500
　　贷：待摊费用——报刊订阅费　　　　　　　500

业务 33. 1 月 28 日，摊销应由本月负担的第一车间财产保险费 760 元。

借：制造费用——其他　　　　　　　　　760
　　贷：待摊费用——财产保险费　　　　　　　760

业务 34. 1 月 28 日，预提应由本月负担的银行短期借款利息 2 450 元。

借：财务费用——利息　　　　　　　　2 450
　　贷：预提费用——借款利息　　　　　　　2 450

业务 35. 1 月 29 日，销售一部刘朋出售给恒通集团甲商品 200 件，单价 1 500 元。商品已发出，以上款项尚未收回。

借：应收账款——恒通集团　　　　　　　　　351 000
　　贷：主营业务收入——甲商品　　　　　　300 000
　　　　应交税金——应交增值税——销项税　51 000

业务36. 1月29日，销售二部孙凡出售给永丰公司乙商品200件，单价1 700元。商品已发出，收到商业承兑汇票一张，票据号3199。

借：应收票据——永丰公司　　　　　　　　　397 800
　　贷：主营业务收入——乙商品　　　　　　340 000
　　　　应交税金——应交增值税——销项税　57 800

业务37. 1月29日，销售一部薄涛出售给凌云国际甲商品150件，单价1 460元（200美元）。已预收货款20 000美元，收到凌云国际补付余款存入中行美元户，结算方式为其他，票据号6403。

借：预收账款——凌云国际（20 000美元）　　146 000
　　银行存款——中行存款——中行美元（15 100美元）
　　　　　　　　　　　　　　　　　　　　　110 230
　　贷：主营业务收入——甲商品　　　　　　219 000
　　　　应交税金——应交增值税——销项税　37 230

实验六　总账系统期末处理

（1）无形资产摊销。按照无形资产期末余额的5%计入"管理费用——其他"。

（2）计提福利费。按照应付工资总额的14%计提福利费。

（3）结转生产部门领用原材料应负担的成本差异。

（4）分配制造费用。甲商品生产成本负担60%，乙商品生产成本负担40%。

（5）结转完工产品成本。甲商品完工入库690件，乙商品完工入库490件，假设1月末没有在产品。

（6）结转商品销售成本。

（7）结转汇兑损益。2015年1月末的调整汇率为7.2。

（8）结转期间损益。

实验七　UFO报表

东方公司自定义资产负债表如下：

资产负债表

单位名称：东方公司　　　　　　　　　　　　　　　　　2015年1月31日

资产	年初数	期末数	负债及所有者权益	年初数	期末数
货币资金			短期借款		
应收票据			应付票据		
应收账款			应付账款		
预付账款			预收账款		
其他应收款			其他应付款		
存货			应付工资		
待摊费用			应付福利费		
长期债权投资			未交税金		
固定资产原价			预提费用		
减：累计折旧			长期借款		
固定资产净值			实收资本		
工程物资			资本公积		
在建工程			盈余公积		
无形资产			未分配利润		
资产总计			负债及所有者权益总计		

制表人：

说明：标题——"资产负债表"设置为宋体、粗体、18号、居中；表头——单位名称和年、月、日设置为关键字；表体——单元格属性设置为楷体、粗体、12号；表尾——制表人设置为自定义关键字。